国より先に、やりました

「5%改革」で暮らしがよくなる

世田谷区長
保坂展人

東京新聞

はじめに

1980年代のはじめごろ、20代の半ばだった私は、教育ジャーナリストとして学校事件の現場に飛び、当事者の子どもたちの話を聞いて、雑誌や新聞にレポートを書き続けていました。そんな時、芸能雑誌の月刊『明星』（集英社）から、「子ども向けの記事を書いてくれないか」と依頼されました。「何かの間違いではないか」と首をひねってしまいましたが、「校内暴力」や「学校事件」がメディアで取り上げられない日がないほどに、社会の関心が高まっている時期でした。

私は、同誌の「読者コーナー」に1頁のコラムを連載することになり、そのタイトルを思案していました。悲惨な暴力事件や体罰、いじめや家庭での葛藤と、子どもたちの現場から見たドキュメントの内容は、なかなか光が見えずに、厳しいシリアスな内容となる可能性がありました。読者が大人であれば、「子どもたちの叫びが聞こえますか？」と投げかけるように警告することもできますが、読者は小学校高学年から中高生たちです。「君たちの未来は暗いよ」と言い捨てるわけにはいきません。

そこで、名づけたのが「元気印レポート」でした。「元気印」という言葉は、私の造語です。当時の流行言葉となっていた「ほとんどビョーキ」（テレビの深夜番組で映画監督の山本晋也さんが言い出した）を反転させて、「元気印＝ポジティブ・バイブレーション」と言い出したことが始まりです。この芸能雑誌の連載が始まると、不思議なことに、「元気印」はすぐに芸能人の本のタイトルから流行語として世の中に広がり、商品名やイベント名、会社名などになって今や辞書にも載っています。

ところが、私が「元気印」に込めた意味に、中国の作家、魯迅《ろじん》の存在があることを知る人は、ほとんどいないでしょう。

1925年1月1日に、魯迅は「絶望の虚妄なること、まさに希望と相等しい」（『野草』「希望」）と記しています。多くの人に語り継がれてきた名言なので、聞いたことがある方も多いはずです。

つまり、「絶望」の暗黒に身をまかせていると、苦悩し行き着いたはずの「絶望」が薄っぺらな虚妄に他ならないと悟ることがあり、それは「希望」と言いかえてもおかしくない――これが、当時の私の解釈です。ただ、魯迅の「希望」は、ピカピカした陽気な明るさとは異なる漆黒の「絶望」を通過したからこそ見える光なのです。

40年前の記憶を呼び覚まして「希望」を語ってみたのも、私たち自身がともするとき「絶望」に深く沈殿し、惰性と共に無力感に組み伏せられ、不条理への怒りや社会的公平や正義への情熱を「封印」される時代に生きていると感じているからです。魯迅の言葉をもう1つ紹介します。

「沈黙する時、私は充実を覚える。発言しようとすると、たちまち空虚を感じてしまう」（『野草』題辞 1927年4月26日）

沈黙している時、感じている「充実」とは本物でしょうか。その沈黙を破り、発言しようとする言葉を出した時に、「なんて浅はかで、ありきたりの言葉なのか」と、もう1人の自分が赤面し、恥ずかしく感じています。魯迅の凄さは、このように書きながら、正面から発言し続けたところにあります。

本書は、2023年11月から連続5回で行われた「保坂展人政治スクール」で語った内容を土台に、再構成しています。「政治スクール」は、2018年にスタートして、政治学者の中島岳志さんと共に「政策の共有」を掲げて、回数を重ねてきました。今回、実施した「政治スクール」でも、2011年4月から世田谷区長として12年余りの間に実現した政策内容を、具体的に紹介しています。書籍化にあたり、中島さんには政治学者としての視点からそれぞれの政策について解説をいただきました。

「こうしたい」「こうあるべき」というレベルではなく、「ここで発案して、こう実現した」「道なきところに道を作り、走り始めた」具体的な政策に絞って紹介しています。この時代に、政治家の本を開いて読む皆さんは、疑い深くなっているのは当然です。そこで、「やったこと、やれていること以外は書かない」というルールと、世田谷区以外の自治体や地域社会で実践可能な普遍的な政策プロジェクトに絞りました。

私も含めて、この時代を厚く覆っている「無力感」を吹き飛ばして、道は険しくとも到達できる複数のルートがあるという希望、すなわち、政治は変えられる、社会も動き出すことを共に実感していただきたいのです。

保坂展人

第1章

5%改革

「5％改革」で政治を変える

私は40歳で社民党から立候補して衆議院議員になりました。1996年当時、自社さ政権（自民党・社会民主党・新党さきがけ連立政権）で、新人議員ながら与党の一員となりました。国会議員になって間もないころに「国家公務員倫理法」などの法律を、ゼロから作っていくという経験もしました。その与党経験を生かして、2000年には「児童虐待防止法」を超党派の議員立法で立案し、制定するなどの役割も果たしました。

つまり、スタートボタンを押す手前まで制度設計する立場だったわけです。2011年の東日本大震災の直後に55歳で世田谷区長に就任。今度はすでに作られた法体系の中で、当時区の管轄ではなかった児童相談所を東京都から世田谷区に移管する仕事を担い、2020年に児童相談所の設置にこぎつけるなど、現場で具体的ミッションを達成するために動くという立場を経験することになりました。

２０２３年11月時点で、区長になって12年半、４期目に入って半年が過ぎたところですが、国会議員としての経験、そして区長としての歩みを振り返ると、「社会はまだまだ変えられる」「もっとやれる」というのが実感です。

ただ日本の場合、特に政治や行政については前例踏襲主義が根強く、なかなか変わりにくいという硬直性があります。そこで、区長としての世田谷区役所への初登庁の日、１８０人の行政幹部を前にした区長訓示でこんな話をしました。キーワードは「５％改革」です。

「役所には、法で決められた仕事、すでに定番となっている仕事がたくさんあります。それは間違いなくやってほしいし、仕事全体の95％はこれまでやってきたことを継続することで構わない。ただ、１００％継続では何も変化が起こらず、澱《よど》みが生まれてしまうかもしれない。だから、残りの５％は大胆に変えていってほしい」つまり「５％改革」をやってほしいとお願いしたわけです。

選挙戦では当時進められていた再開発計画に反対する人たちが私を応援してくれましたから、おそらく多くの人たちは率直に言ってがっかりしたと思います。「保坂が当選すれば政治を変えてくれると思ったのに、たった5％しか変えないのか」と。

でも、実は5％というのは決して小さくない数字です。1年目で5％を変える、翌年、残りの変わっていない95％のうちの5％をまた変える。これを繰り返していくと、8年で3割以上、12年なら半分近くが変わる計算になります。「ガラガラポン」で旧来のものを破壊して組み立て直すというのではなく、らせん階段を上るようにだんだんと、しかし着実に改革をしていくというやり方なのです。

この12年半で、その「改革」の成果はたしかに見えてきています。そしてその変化は、少しずつではありますが、他の自治体や国そのものにも影響を及ぼしつつあるのです。

地域連携でエネルギー問題に取り組む

たとえば、就任当初から力を入れて取り組んできたのがエネルギー問題です。私が最初に区長に当選する1カ月ほど前、2011年3月11日に東日本大震災と東京電力福島第一原発事故が起こりました。東京でも放射性物質のホットスポットがあるのではないかとの疑いや、大きな不安が広がっていました。そんな中での立候補でしたから、放射性物質の拡散状況を正確に調査し公表することと、脱原発と自然エネルギー活用は選挙戦の大きなテーマの1つになっていたのです。

なんとか原発に依存しない社会を作りたい、そのために自然エネルギーの活用を拡大したい。屋根とエネルギーを引っかけて「世田谷ヤネルギー」と呼んで、区の外郭団体である世田谷サービス公社が太陽光パネルを大幅に値引きして設置をあっせんし、希望する区民の住宅の屋根に太陽光パネルを設置する勢いを加速させるなど、「区内で発電して区内で使う」ための施策も進めました。自然エネルギーの地産地消です。同時に取り組んだのが「エネルギーの地域間連携」の仕組みづくりでした。

ヒントになったのは、区長就任直後に、世田谷で自然エネルギー活用を考えるシンポジウムを開いたときのことです。東日本大震災の地震と津波、原発事故で被災した福島県南相馬市の桜井勝延市長（当時）が「南相馬に太陽光パネルを置いて、そこで発電した電気を原発の電気を使っていた東京で買ってくれないか」と発言されたことでした。そこから、生協運動の原点となっている食べ物の「産直」と同様にエネルギーも「産直」にできないかというアイデアが浮かんできたのです。

このとき、地方で作った自然エネルギーの電力を都市部で買い取るための仕組みはどこにもありませんでした。しかし、すでに大口の高圧電力の自由化は始まっていましたから、制度的には可能でした。そこで区役所の中に「環境・エネルギー施策推進課長」という役職を新設し、中心になって取り組みを進めてもらいました。結果、２０１７年には、長野県の県営水力発電所の電気を、世田谷区が買う仕組みを作ることができたのです。

長野県と世田谷区の間に新電力の大手企業とベンチャー企業に入ってもらっているのですが、長野県側は中部電力に売るより高く売ることができるし、世田谷区にしてみれば東京電力から買うよりも安い。この電力を、世田谷区内の保育園や児童館、幼稚園で使わせていただいています。さらに、ただ電力を使うだけではなく、長野県庁の職員が電力を供給している保育園を訪れて、長野県産の米やリンゴ、木で作ったおもちゃなどを贈ってくれたり、逆に園児たちが長野県側に手紙を書いたりといった交流も続いてきました。まさに「顔の見える電力交流」なのです。

こうした仕組みは、１カ所で可能になると、その後は応用することで比較的簡単に増やすことができます。今では、各地の自治体や事業者と提携し、群馬県川場村の製材所の木片を燃やすバイオマス発電や、新潟県十日町市の温泉バイナリー発電、その隣の津南《つなん》町の小水力発電、青森県弘前市の太陽光発電など、場所も方法もさまざまな形で生み出された電力を世田谷区内で使わせてもらっています。4期目に入った２０２３年秋にも新たな資源として、山形県南部置賜《おきたま》地区の肉牛の糞尿から生まれるメタンガスを利用したバイオマス発電の視察に行っています。

さらに、こうした電力連携と交流を世田谷区だけでやるのではなく、他の自治体にも広げていきたいと、区が全国の自治体に呼びかけて主催する自然エネルギー自治体間連携フォーラムで、都市部と地方の自治体との電力連携の仕組みについて紹介しています。区で自然エネルギーを増やすだけでなく、すでに他の自治体でも同様の電力連携の形が始まっています。新しい形を作ったら、すぐに全国で使いやすくする。区長としても、区の大切な仕事だと考えています。

認知症に対する価値観を変える
――「認知症とともに生きる希望条例」

また、大きな反響を呼んだ取り組みとして、2020年に制定した「世田谷区認知症とともに生きる希望条例」があります。

認知症というのは、平均寿命が伸びていく中で誰もがなる可能性のあるものです。世田谷区内でも、軽度の方も含めれば約5万人が当事者であるといわれます。ということは、その家族や友人、支援者など周囲の人を含めれば、少なくとも10万人以上がこの問題に関わっています。いわば、10万人以上が当事者である区政最大の課題であり、他にこれだけ大規模なテーマはなかなかありません。

そこで、区の認知症に対する理念を示す「認知症条例」を作ろうということになりました。同様の条例を持っている自治体は、すでに全国にいくつもありました。ですから、ただ条例制定のスピードだけを求めるのであれば、先行する自治体の条例のいいとこ取りをして、合わせ技で切り貼りをすればできたと思います。でも、それでは世田谷区でやる積極的な意味がありません。作るなら徹底的に、認知症に対する価値観を大きく変えられるような条例にしようと考えました。幸い、認知症の当事者や家族の方が集う「認知症カフェ」を運営しながら、従来の認知症への偏見や差別を大きく転換したいと考える世田谷区民や区内の専門家が協力してくれることになりました。

国連で障害者権利条約が議論された際に、「私たち抜きに私たちのことを決めないで」という当事者のスピーチが人々の心を打ったように、認知症に関連する制度は認知症当事者の声を聞きながら決めていくというのが国際的な潮流になっており、条例作りへの「当事者の参加」が必要だと考えました。そこでまず、「認知症についての条例を作ります、当事者の方たち自身が条例制定のための委員になって参画することが必要ですよ」と呼びかけ、３人の当事者の方に委員に加わっていただきました。それぞれの方と連れ添う「パートナー」と呼ぶご家族と一緒に、条例作りの委員会での議論に参加してもらったのです。

議論のポイントになったのは、認知症になったからということで「もう人生おしまいだ」とか「何もできなくなる」というのは偏見であり差別だということでした。もちろん、症状が進むことで、できなくなることはあるけれど、できることもたくさんある。音楽の先生ならピアノが弾けるし、子どもたちの前で歌が歌える方もいる、絵を描くことが得意な方もいらっしゃいます。それぞれの「できること」に着目して、地域の中で尊厳を持って、暮らしてもらえるような地域社会を作ろう。それがこの条例の目指すところだ——という結論になったのです。

だから、条例には「希望」という言葉を入れて、「世田谷区認知症とともに生きる希望条例」とした一方で、条文にも「早期予防が大事」といった書き方はしませんでした。そう書いてしまうと、認知症の症状が出たということは、早期予防に「失敗した」ということになってしまう。認知症になることを「失敗」とはとらえたくないと考えたのです。

世田谷区認知症とともに生きる希望条例

条例制定を記念して開催したシンポジウムでは、委員を務めた認知症当事者の方がパネリストとして登壇し、議論に参加しての感想を語ってくれました。これは、日本ではほとんど前例のなかったケースだと聞いています。区内の福祉施設で長年働いている介護関係の専門職の方からは、「私たちの考えが根本から揺さぶられました」と言っていただきました。

区の条例制定から3年後、２０２３年には国会も認知症に関する法律（共生社会の実現を推進するための認知症基本法）を制定しましたが、「認知症の人を含めた国民１人１人がその個性と能力を十分に発揮し、相互に人格と個性を尊重」するとの理念が書かれ、「認知症の人が尊厳を保持しつつ希望を持って暮らす」として「希望」という言葉が使われていたりと、世田谷区の条例の考え方がかなり入っていると感じました。当初の与党案にあった「予防」という表現は削られたそうです。地方自治体から国へと影響を及ぼし、変えていくことのできる一例だといえるのではないでしょうか。

区民の声を聞く
——車座集会とくじ引きワークショップ

こうした、さまざまな課題に取り組み、新たな施策を進めるにあたって、常に大きなヒントをくれたのは毎日届く「区民の声」でした。たとえば「私たちには待機児童という言葉もない。入れてくれる保育園がないのです」というメールから、医療的ケアを要する子どもたちを預かる場の創設に動きました。ボトムアップの現場です。

私が区長就任直後から続けているのが「車座集会」です。改選後、今期も4回目の全地区巡りをしました。定員は1カ所20〜40人程度、私も10分くらい話はするけれど、あとは車座になって、参加者に1人3分で意見を言ってもらうというものです。区に対する批判が出ることもあれば、「こんなことはできないか」という提案も聞くことができます。1カ所に2時間かけて、区内の27カ所（2019

年からは28カ所）あるまちづくりセンターで実施し、区民の声を聞き続けています。

就任当初、車座集会でもっとも多かった声が「福祉に関する相談はどこに行けばいいのか、窓口が分かりにくい」というものでした。そこで地区にある「まちづくりセンター」に、地域包括支援センター、社会福祉協議会、地区行政窓口の3つの機能を統合した「福祉の相談窓口」を設けました。それまで、地域包括支援センターは物忘れ診断テストを実施し、社会福祉協議会は認知症の方向けの体操教室を開き、地区行政では認知症の方の家族向け講座を用意し……と、企画内容は共通で近いことをやっていたのに、互いのつながりがなかったのです。

それが、3つの組織を同じ場所に置くことで、化学変化が起こりました。まず、互いに何をやっているかが分かり、連携して取り組みを進めることが当たり前になりました。そして、高齢者だけではなく子育て世

区長就任後から続けている「車座集会」

帯や障害のある方、そのご家族など、福祉に関して相談したい人はまずは区内に28カ所あるまちづくりセンターに行けば、必要なサービスを紹介してもらえる福祉の相談窓口があるということで、区民の理解が進んでいったのです。

ある日、喫茶店で隣の席に座った高齢者の女性2人が「介護施設」の話をしていました。「私は介護の制度が分からなくて」という方へ、「あら、まちづくりセンターに行ってみなさいよ。全部説明してくれるから」という声が聞こえてきました。こうして、制度が区民に届いている実感を覚えました。

あるいは車座集会で、「回覧板や掲示板で回ってくる地域の情報を、紙ではなくアプリで共有できないか」という声が出ました。そうしたら、IT会社の社長をしていた方が新しく役員になった町内会で、独自のアプリを開発するチームを立ち上げたといいます。地域限定の情報――たとえば「子ども食堂で食事が余っています」とか「こんなことに困っているけど、誰か手伝ってくれませんか」などの日常の暮らしの情報を、それで共有しようという試みです。「いいアプリができたら、他の町内会でも使えるようにしましょう」と言ってくれています。困ったことがあるときも、ただ行政に「なんとかしてくれ」というのではなく、自ら解決しようという気風が生まれ、新しい試みをスタートさせていく。そうした「自治の文化」を、もっと生み出していきたいと考えています。

また、大きな発見となったのが、くじ引きワークショップです。こちらは、住民名簿から区が無作為抽出のくじ引きで選んだ人たちに「区の将来について話し合いませんか」と招待状を出して呼びかけて集まってもらうという試みです。区長就任後間もなくして、世田谷区基本構想作りのために、１２００人に案内を出して、集まってくれたのが88人。私も区の職員も交じって少人数に分かれて話し合うワールドカフェ方式で、５時間かけて熱心にテーマを変えながら話をしました。

これは、区の職員の意識変革にもつながりました。それまで区の職員にはどこかで、区民というのは「これをやってくれ」「なんですぐにやらないんだ」と、要望やクレームばかり言ってくる存在だというイメージがありました。けれども、実際に無作為抽出で話し合ってもらうと、それは偏見でした。この集会に参加したことで、「自分たちに任せてくれればこんなことができるよ」「地域づくりにもっと参加したい」と言ってくれる住民がたくさんいるんだということが分かったのです。参加者の中には、企業で長年働いていたりと、さまざまな分野の専門性を持った人たちも多くいらっしゃいます。それまで、自分たちのほうが一般の住民よりも知識がある、物事が分かっていると勘違いしていた職員も、そうした意識を改める契機になったと思います。

トップダウンではなくボトムアップ、住民に話を聴くだけではなく、対話や議論を重ねながら、積極的に参加できる仕組みを作り、「参加と協働」で変えていく。この手法は、どんなテーマに取り組むときも一貫して変わりません。次章以降で、いくつかのテーマについてさらに詳しく見ていきたいと思います。

こう見る
保坂区政

中島岳志

保守層も取り込むリベラル

私は、自分の立場を「リベラル保守」と規定しています。「保守」と聞くと、安倍政権のような強権的右派政治を思い浮かべる人が多いかもしれませんが、保守はそもそもそんな政治を前提とはしていません。私は安倍政権こそが保守政治をゆがめてきたと思っています。

近代保守思想には、重要な原点があります。それはフランス革命批判です。イギリスの政治家エドマンド・バークは、同時代に起きたフランス革命に疑問を感じ、『フランス革命についての省察』という本を書きました。バークはここで、革命の担い手たちの人間観に疑問を呈します。

――革命派の人たちは、机上で作成した設計主義的理想モデルに基づいて、抜本的な社会改造を行おうとしているが、そこには人間の理性に対する過信が潜んでいるのではないか。なにか優秀な人間の指導によって、社会が完成形態に近づくというのは、人間の能力に対する驕り高ぶりのようなものが含まれているのではないか。

バークはそんなことを指摘します。

バークが抱いていたのは懐疑的人間観でした。どんなに頭のいい人でも、世界全体を正しく認識することなどできず、時には手痛い失敗もする。過ちも犯してしまう。パーフェクトな能力を持った人間など存在せず、誤謬《ごびゅう》というものから逃れることはできない。そんな不完全な人間は、どうしても不完全な社会しか構成できないのではないか。人間社会が理想的なものとして完成することなどありえないのではないか。そんな懐疑的な見方が、バークの人間観でした。

では、社会を運営するにはどうすればいいのか。バークが依拠しようとしたのは、特定の革命家の思想ではなく、長年の間、風説に耐えて残ってきた経験値や良識でした。多くの無名の死者たちが丁寧に引き継いできた暗黙知のようなものの中には、社会を維持していくための大切なエッセンスが詰まっています。しかし、社会はどんどんと変わっていくので、常に手入れをしていかなければいけません。一気に社会を改造しようとする革命的な発想の中には、自己の能力に対する思い上がりが含まれているため、そのような姿勢を謙虚に退け、過去の人たちの蓄積を大切にしながら、徐々に変えていく。急進的な革命ではなく、漸進《ぜんしん》的な改革こそが重要だとバークは言いました。バークの言葉でいうと「Ｒｅｆｏｒｍ ｔｏ Ｃｏｎｓｅｒｖｅ」（保守するための改革）で、要は「大切なものを守るためには、徐々に変えていく必要がある」というのが、保守の改革についての姿勢です。私は、このあり方を「永遠の微調整」と呼び、保守のエッセンスだと考えてきました。

このような人間観に立つ保守は、自分の意見も懐疑の対象とするため、自分と異なる見解の人の言い分を聞いてみようとします。そして、その意見を聞いた結果、その人の意見にも「理」があるとみなすと、丁寧に合意形成をしていきます。これが保守政治のダイナミズムです。そのため本来の保守は「リベラル」でなければならないのです。

革命主義者たちは、時に「正しさ」を所有し、異なる見解や社会ビジョンに対して攻撃的な態度をとってきました。共産主義国では、多くの粛清が行われてきました。左翼であることとリベラルであることはイコールではありません。私は本来の保守こそがリベラルな態度をとることができると思っているのですが、そこには自己の理性や知性の限界に対する謙虚な姿勢があるからだと考えています。

保坂区長の「5％改革」というのは、まさに「漸進的改革」で、先人たちの知恵を生かしながら、現代社会に手入れをしていく方法です。そのため、ダイナミックな変化を伴いながら、極めて安定的な行政が展開されてきました。ここに保坂区長が保守層を含む幅広い層から支持を受けてきた要素があると思っています。

中島岳志（なかじま・たけし）

1975年、大阪府生まれ。東京工業大学教授。京都大学大学院博士課程修了。現代日本政治や日本思想史などを研究、批評。『自民党　価値とリスクのマトリクス』（スタンド・ブックス）『思いがけず利他』（ミシマ社）など著書多数。

第2章

待機児童対策

怒濤の「保育園用地確保」作戦

この章では、待機児童問題への取り組みについて振り返りたいと思います。

世田谷区では、2014年の時点で待機児童が1100人を超え、その後さらに増えて1200人近くになり、全国最多といわれました。2016年には「保育園落ちた日本死ね!!!」という匿名ブログが話題になって、待機児童問題に注目が集まったこともあり、「世田谷区は何をやっているんだ」と激しい批判とバッシングが巻き起こります。

一方でそのころ、複数の自治体で「待機児童がゼロになった」というニュースが報じられていました。そのニュースが広がるとともに待機児童が減らない世田谷区に批判が集まったのですが、実はそこには数字のトリックが潜んでいました。「待機児童ゼロ」を発表したところも、保育園に入れなかったので育休を延長したというケースを待機児童のカウントから外すなど、自治体としての計算方法を大幅に変えていたのです。

世田谷区でも同じ手法で計算すれば、すぐに数字上の待機児童の数は減らせたでしょう。でも、それは嘘をついているのと変わらない。人為的に減らした数字により、「待機児童がこの数なら、保育園に入れるだろう」と思って世田谷区に引っ越してきた人が、実際には入れなかったといったことも起こりかねません。住民に嘘をついて見栄えだけをよくするようなことは絶対にやりたくないと思いました。

また、待機児童が多いのだから、あれこれ条件をつけずに、地下でもどんな場所でもいいから保育園を作れ、数を増やすべきだという声も強くなっていきました。区は、保育事業者への審査を厳しくやってきましたが、「世田谷区長は『保育の質』とか理想ばかり言っていて、困っている親の声を無視している」などという批判もたびたび受けました。しかし、世田谷区ではかつて区立保育園で悲しい事故があったことを機に制定された「保育の質ガイドライン」を基準としてきました。子どもの育つ環境を無視する「とにかく数を増やせ」という考え方に与することはできない、保育園の数は増やしつつも、保育の質も必ず担保していくという姿勢を貫こうと原則を曲げずに取り組みました。とはいえ、それは簡単なことではありませんでした。

苦戦した理由の1つは、子どもたちが伸び伸びと遊べるよう「園庭のある保育園」にこだわったことです。園庭を含む十分な保育スペースを確保するためには、1000平方メートル前後の土地が必要になります。ところが、東京都心部に近い世田谷区は密集した住宅地が多く、まとまった土地や空き地はありません。保育園を新しく作ろうにも、その場所がまず見つからなかったのです。

どうするかと頭を悩ませていたときに目に留まったのが、ある新聞の記事でした。私は時間があれば新聞全紙を読むのを習慣にしていて、このときも記事から政策のヒントを得たのです。東日本大震災の復興財源を確保するため、財務省が「全国にある国家公務員宿舎の多くを廃止し、跡地を売却する」という記事でした。私は以前から、世田谷区にも国家公務員宿舎がたくさんあることを知っていたので、ピンと来ました。

すぐに知り合いの与党国会議員に「国家公務員住宅の跡地を、世田谷区で保育園用地として使いたいから、担当部署に紹介してほしい」と連絡しました。そこから、国有地を管理する関東財務局東京財務事務所と交渉を重ね、14カ所の国家公務員宿舎跡地について、長期賃貸借契約を結ぶことができたのです。その土地のすべてを保育園にしたわけではなく、２つの大きな公園を整備するほか、同じく不足していた障害者施設や高齢者施設の用地にしたところもありますが、まずはある程度のまとまった保育園用地を確保することができました。

ただ、区の北部や西部などには国家公務員宿舎がもともとなかったこともあり、「これで十分な数の保育園ができます」とはいきませんでした。そこで、次に目を向けたのが農家の農地や資産を管理している農協です。区内の農家の方々には、今は畑として使わなくなった土地で駐車場を経営していたり、これからアパート経営を始めようと考えていたりする方がたくさんいると聞いていたからです。

とはいえ、いきなり「あなたの土地を貸してください」と言っても、すぐに了解してはもらえません。前例もないのに「土地を保育園に貸す」と言っても、な

認可保育園に整備した園庭

かなかイメージがわかないのでしょう。声をかけても「いや、駐車場やアパートにするつもりだから」といわれてしまう。そこで、現場の区職員が紹介してくれた、大手不動産会社で長年、資産運用や相続対策のアドバイスを仕事にしていたという方を、区の特別職員として採用しました。この方に、農協も含めて土地を持っているオーナーさん向けの説明会を、区内各地で開いてもらったのです。

「土地の活用を考えたとき、アパートや駐車場は借り手がつかないこともあるけれど、保育園は20年間、区が借り上げるので安定していますよ」と説明してもらうと、「それなら貸してもいいかな」と手を挙げてくれる人が出てきました。1人2人が動くと他の人たちも、「じゃあ、区も保育園が必要だというし我々も手を貸そうか」と気持ちが動き始める。そこでさらに、キャンペーンを広く展開することにしました。「土地建物を保育園に活用しませんか」「あと50件足りません！」というチラシを作って配布し、「あなたの土地や建物を保育園用地として登録してください」と呼びかけました。面白いもので、最初はなかなか動きがなかったのですが、あるときを境に急に申し出の電話が増え始めた。そこからはもう、「うちの土地やビルのフロアを使ってもらえないか」という話が次々とやってきました。結果、３１４件の土地や建物が登録され、条件の折り合ったところで、31園の保育園を開園することができました。うち18園が、園庭のある認可保育園になっています。

対話を重ね、保育の質を担保する

もちろん、ここに至るまでにはいくつものハードルがありました。民間の保育園用地を確保する行く手を阻んでいた原因の１つが、固定資産税の問題でした。

空いている土地にアパートやマンションなどを建てると、小規模住宅用地向けの特例が適用され、固定資産税が大幅に減免されます。ところが、保育園は住宅ではないので、特例減額の対象外でした。もともと土地価格の高い世田谷区ですから、広い土地を持っているオーナーさんにとっては死活問題です。「だったら、やっぱり保育園よりアパートやマンションを建てたほうがいい」という声も上がっている。そんな話を耳にしていたとき、ちょうどタイミングよく、厚生労働省の呼びかけで「待機児童緊急自治体会議」が開かれたのです。

これは、国が待機児童の多い自治体を集めて、課題を話し合う場として設けられた会議です。待機児童が多い世田谷区は国から批判を受ける可能性もあったのですが、そこで逆にこちらから提案をすることにしました。国会議員時代から親しくさせていただいた塩崎泰久厚労大臣（当時）を相手に、「待機児童がこれだけ社会問題になっているのに、税制がその解決を邪魔している。土地を保育園に提供したら固定資産税は１００％減免になるなどの措置があってもいいのではないか」と直談判したのです。

そうしたら、思いのほかスムーズに進みました。厚労省が財務省に税制改正を提案し、スピード改正が実現。待機児童解消のための緊急対策として、土地を保育園に提供すれば、固定資産税が１００％減免されるようになったのです。さらに、賃料の高い都市部においては、自治体が賃料の一部を負担できるよう、国からも補助金を出してもらえることになりました。

また、先に述べたように、数を増やしていきながらも「保育の質」をどう担保するかも大きな課題でした。

そのために、保育園を運営する事業者は、すでに保育事業者として何園か運営している、実績のある事業者に限定することにしました。そして選定の際には、保育事業者が先に運営している園を、どんな遠くであっても職員や選考にあたる方が出張して直接見に行きます。子どもたちの食事内容や遊びの様子、保育者の子どもたちへの接し方を見て、「子どもが育つのによい環境が守られていない」と判断した場合は、区内での保育園開園を認めず、その事業者には任せないということを徹底しました。待機児童がまだ１０００人以上いた段階でさえ、土地を購入して保育園開設の手を挙げてくれた事業者に「お断り」をしたこともあります。そのくらい、「保育の質の担保」には徹底してこだわりました。

さらに、土地が見つかって事業者もほぼ決まって、建設計画が動き出しても、今度は地元住民の反対というハードルにぶつかったことも何度かありました。「保育園が必要なのは分かるけれど、違う場所に作ってくれ」というのですね。「静かな住環境を守れ」という建設反対の横断幕が建設予定地に隣接して掲げられていた地域もあります。

他の自治体では、そうした反対運動を受けて建設計画が中止になったケースもあると聞きますが、私はそこは絶対にあきらめないようにしようと職員と話し合ってきました。医療も年金も、元気な人が病気の人を、現役で働く人が高齢者を支えるのが社会保障制度です。社会は次世代がいないと成り立ちません。それなのに、小さな子どもたちを育てる保育園に「迷惑だから出て行ってくれ」というのでは、持続可能な社会は作れないと考えたからです。

そこで、何度も説明会を重ね、地域の声を聞きながら、なんとか理解を広げていきました。「子どもの声は単なる『騒音』なのか？」と問いかけ、ワークショップも何度も開催。中には計画が開始してから建設が始まるまで、話し合いを続けて5年かかった地域もあります。それでも、反対運動を前に事業者が撤退してしまったケースはあったものの、区として断念はしませんでした。２０１５年には「子ども・子育て応援都市」を宣言。子どもはすべての人にとって地域の宝である、そんな街を世田谷区は目指しましょうと打ち出したのです。

結局、２０１３年には65園だった私立認可保育園が、２０２３年には２０３園まで増えました。出生数減少の影響もありますが、「ワースト」と言われた待機児童数を、２０２０年にゼロにすることができたのです。ただ、大型マンションが建ったエリアがあったりと、地域や年齢による保育需要の偏りが大きくなったことで、２０２３年度は10人の待機児童がいます。また、保育園が充足してきたことで、年齢によっては希望する園児が入れてなお定員割れして経営が苦しいという保育園、地域も出てきており、今後の課題だと考えているところです。

ここ数年は、保育士の人数も必要な「ゼロ歳児枠」が4月段階で定員割れとなっています。しかし、年度途中に入園が進み、後半にはほぼ定員が埋まってきます。すると、生まれ月によって、ゼロ歳の入園枠がどこにもないという事態も起きてきます。保育利用者をカウントして、空きが出ると事業者の持ち出しになる制度ではなく、保育事業者への定額払いによる支援や、通年入園可能な制度に国が変えていく必要があります。

一方で、2023年に認可外保育所でゼロ歳児の痛ましい死亡事故が起きました。区として年に1度行ってきた立入調査を、抜き打ち検査も含めて、強化していく必要があります。区では、第三者の有識者を交えた検証委員会による事故分析と対策について提案をいただく予定です。ベビーホテルなどの認可外保育所の子どもたちの安全を確保していかなくてはなりません。

こう見る保坂区政

中島岳志

追求したのは安心感

　私は少子化対策においてもっとも重要なのは、「子育てにおける安心感を醸成すること」だと思っています。夫婦や家族だけで子育てを抱え込む必要がなく、困ったときには相談できる、頼れる相手が地域にいる。子どもに障害がある、不登校になるなど想定外のことが起こっても、その受け皿がしっかりとある……。そうした「安心」があってこそ、多くの人が「子どもを持ちたい、育てたい」と思える。もちろん、希望すれば待機児童になることなく、すぐに保育園に入れるというのも、「安心」を支える大切な要素です。

　同時にそれは、ただ「たくさん保育園がある」というだけではなく、そこが「安心して子どもを預けられる」場所でなくてはなりません。保育の質を落としてしまうと、見える事故も増えるのですが、見えない部分での子どものストレスも大きくなっていきます。1人の子どもが占有できる面積が小さくなると、どうしてもぎゅうぎゅう詰めになってしまうので、ストレスがかかってしまいます。その意味で世田谷区が、保育の質を落とすことなく数を増やすにはどうしたらいいかを、徹底的に追求されたのは素晴らしいと思っています。

もうひとつ重要なのは、保育士の人たちの待遇改善です。保育士の仕事はとてもハードで、子どもの命を預かる責任の重い仕事ですが、低賃金労働になってしまっています。しかし、コロナ危機で明確になったように、エッセンシャルワーカーの人たちの仕事は、社会が安定的に維持される上で、非常に重要な意味を持っています。ここの賃金を上げ、離職率を下げていくことが重要になるのですが、保坂区政では保育士の生活バックアップを行い、待遇改善にも着手しています。

第3章

下北沢再開発

ポートランドで起こったこと
——オルタナティブなビジョンを示す

この章のテーマは、世田谷区内の人気エリアの1つである下北沢における再開発問題です。私にとっては、最初に世田谷区長選に立候補するきっかけとなった問題の1つでもあります。

まちづくりというテーマに関していうなら、私はアメリカのオレゴン州ポートランドから強い影響を受けています。

ポートランドという街は1960年代ごろまで、造船や鉄鋼などの重工業の街として賑わっていました。しかし、そうした産業が徐々に衰退し、海外へと流出して、企業もどんどん撤退していってしまいます。街はにぎわいを失ってさびれただけでなく、人々は長年にわたって積み重ねられた水質汚染や大気汚染という公害に苦しむことになりました。

しかし、そこから「私たちの手で暮らしやすい住環境を取り戻そう」という市民の運動が巻き起こります。日本では本格的な車社会が到来しようとしていた１９６０年代から１９７０年代にかけて、ポートランドでは「人間中心の街へ」という流れが始まります。街の中心を流れる大きなウィラメット川沿いの6車線道路を撤去して市民が楽しめる公園にしようという署名運動が実を結び、実際にリバーサイドの道路が撤去され付け替えられる成果に至ったのです。道路の跡地は、当時のオレゴン州知事の名を冠して「トム・マッコール・ウォーターフロント公園」となり、多くの市民に親しまれています。

２０１５年に現地を訪れたときには、街全体の再開発について、市当局や都市計画の専門家に話を聞きながら街を歩きました。日本の多くの街で行われている、壊しては作るスクラップ&ビルドの「再開発」とは違い、リノベーションが目立ちました。中心市街地の築１００年といった古いビルを耐震強化した上で、通りに面した1階をしゃれたレストランやショップとして使い、住宅やオフィスを2階以上に混在させる「ミクスドユース」と呼ばれる手法が使われていたのが印象に残っています。

東京もまた、かつて大気汚染や水質汚染が悪化して問題になったという点では、ポートランドと似ています。そして、１９６７年に誕生した美濃部亮吉革新都政も、産業優先・企業中心の社会からの転換を図りました。「広場と青空の東京構想」を掲げ、公害防止条例を制定して、国の公害対策立法化にも大きな影響を与えたのです。

小学生だった私も「東京に青空を」という選挙キャンペーンの熱気を覚えています。当時の東京の空はスモッグでどんよりとした鉛色で、排気ガスでぜん息も広がり大気汚染が深刻でした。私自身も、小児ぜん息の発作で眠れない夜をたびたび過ごしました。ポートランドも同様の問題を抱えていました。

ただ日本の場合、ポートランドと同じように「住環境を取り戻そう」という運動であっても、環境回復の手段は主に煤煙規制や排水浄化など、環境規制のテクノロジーを利用した公害対策でした。まちづくりの骨格は、１９４５年以降の戦災復興のために作られてから変わっていません。現在の東京のように道路や高層ビルをどんどん作るという方向性の都市計画を、美濃部都政も積極的に進めることこそしなかったものの、根本的に見直すことまではしなかった。ポートランドのように、オルタナティブなまちづくりのビジョンや手法を提示するまでは至らなかったということです。

ただ「反対だ」「やめよう」というだけではなく、ではどんなまちづくりが必要なのか、専門家の力も借りながら対案を出していく。そのために、地方自治体の議員、そして首長の役割は大きいと考えています。

そうしたことを念頭に置きながら、下北沢の再開発計画がどのように進められていったのか、世田谷区としてどのようなフォローをしてきたのかを振り返りたいと思います。

下北沢再開発計画の経緯

ご存じのように、車も容易に入れないような入り組んだ細い路地に、劇場やライブハウス、古着屋や飲食店が立ち並ぶ下北沢は、音楽の街、アートの街として、全国から若者たちが集まってくる人気の街です。

都市デザインの専門家である小林正美明治大学教授によれば、新宿や渋谷にも近く、小田急線と京王井の頭線が昭和の初期に開通したことで、大きい道路が特に必要とされず、便利な住宅地として発展していった。それが徐々に商業化して、今のような街並みになったのだそうです。

駅前開発についてさかのぼると、１９６０年代ごろに出てきたのは、小田急線の高架化計画でした。京王井の頭線の上を通過する形で小田急線の線路を通すというもので、駅前の路地に並ぶ小さい商店をつぶして大きな駅ビルにするという計画もあったそうです。しかし、そのためには沿線の家々が立ち退かなくてはならないし、電車の騒音の問題も気になる、何より街の雰囲気も変わってしまうというので、住民の間で反対運動が起こりました。区議会への請願が行われたり、下北沢で活動していたミュージシャンたちが大勢参加する反対ライブが何度も開催されたりした結果、最終的にこの計画は変更、小田急線は高架ではなく地下化されることになります。

ところが、２００３年になって今度は、駅前広場を整備すると同時に、線路跡地を横切る補助54号線という大きな都市計画道路を東西に通す、新たな再開発計画が発表されます。駅前は建物が込み入っていて地震や火事のときに緊急車両が入れず危ない、バスやタクシーも通りにくいという理由で、こうした整備計画を支持する地元の住民もいました。一方で、街が南北に分断されることもあって、「下北沢らしさ、街の魅力がなくなってしまう」と危機感を持つ人たちも多く、反発が広がりました。下北沢で活動するミュージシャンなどのアーティストや個性的な店の店主たちがその中心でした。

彼らは、「Ｓａｖｅ ｔｈｅ 下北沢」というグループを立ち上げて、道路計画と再開発への反対運動を始めました。そもそも国会議員時代に、私も関心を持っていたこともあって、私はこの反対運動のグループの人たちに押される形で、２０１１年4月の区長選に立候補することになったのです。

実は、その前年の２０１０年くらいから「区長選に出てくれ」と何度か打診はいただいていたのですが、政治の現場は永田町だ、国政だという思いがあって、お断りをしていました。考えが変わった契機は、区長選1カ月前に起こった東日本大震災と東京電力福島第一原発事故でした。政府や自治体の対応を見ながら、地方政治の大切さ、自治体の首長が果たす役割の大きさを改めて思い知らされました。自治体がしっかりしているかどうかが、住民の命や健康に大きな影響を与える。そう強く感じたことで、立候補を決意するに至ったのです。

賛成・反対の垣根を超えて、街の未来を考える

選挙戦では再開発計画の見直しの他、脱原発や放射性物質の測定強化などを訴え、5人が立候補する激戦を制して約8万4000票を得ての当選という結果になりました。しかし、区長になったからといって、これまでの手続きや経過を飛び越えて、いきなり再開発計画をひっくり返せるわけではありません。都市計画決定は終わっており、すでに予算も動き始めていましたから、それを白紙に戻す

ことは難しかったのです。１期目は対話と解決の糸口を探そうとしながら、なかなかはっきりした方針を示すことができなかったため、選挙で応援してくれた人たちから「保坂は変節した」「計画を見直すと言っていたのに何もしない」と厳しい批判も受けました。

最初の当選直後から私が考え続けていたのは、再開発計画への賛成、反対で意見が割れて対立が深まる状況をなんとか変えられないかということでした。「下北沢を良い街にしたい」という思いは共通のはずなのだから、考え方は違っても、ただ反発し合ってにらみ合うのではなく、街の未来を一緒に考えていくことはできないかと模索したのです。

そこで目を向けたのが、小田急線の線路を地下化した後に生まれる、線路跡地です。幅20メートル、長さ1・7キロに及ぶ、住宅が連なる都市の中としてはかなり大きい空間でした。ここにテーマを絞って、みんなで一緒に考えるきっかけにはできないだろうか。そう考え、すでに都と区、小田急電鉄の間である程度決まっていた計画を、全面的に見直そうと私から小田急電鉄の社長に提案したのです。

これまでの経緯を知る人たちからは反発も大きかったけれど、「東日本大震災を経て変化した防災意識に対応する必要がある」「緑をもっと充実させたい」などと訴え、説得を続けました。

２０１５年4月の2期目の区長選挙は自民党系の商店街の連合会会長の方と一騎打ちとなり、先方が「下北沢の再開発を遅らせている保坂区政」を争点にしてきたこともあって、受けて立ちました。選挙中に「車よりも人間優先の街にしよう」などと掲げた「下北沢まちづくりビジョン」も発表しました。「保坂は道路の問題、再開発の問題にもきちんと対応しようとしている」というメッセージが伝わり、それまで私を強く批判していた再開発計画反対の人たちが、逆に選挙で応援に回ってくれたとも聞いています。

「北沢デザイン会議」の様子

この時に、補助54号線の2期目、3期目工事を都と区で決める事業計画の「優先整備路線」対象から外すと発表しました。計画はひっくり返すわけではなく残っていますが、「優先して10年以内に始めたい」という枠組みからはいったん外すということです。区議会ではかなり批判もありましたが、区長の権限で再選後に実行に移しました。

また２０１４年には、小田急線線路跡地の使い道などについて意見交換をする場として「北沢デザイン会議」を立ち上げました。再開発計画をめぐる賛成派、反対派の感情的な対立から少し離れて、円卓会議（ラウンドテーブル）をしましょう、ということで呼びかけたものです。線路跡地をどうセンスよく、下北沢らしく活用していけるかという視点であれば、従来の再開発を巡るスタンスとは別に落ち着いて話し合いができるのではないかと考えました。

こうして同年8月に第1回北沢デザイン会議が開かれます。会議には、地元商店街やまちづくりＮＧＯなどいろいろな立場の人たちが、再開発計画への賛成反対を超えて出席し、意見を述べてくれました。もちろん、それだけに緊張感も漂います。反対派の区議会議員も出席していたし、当初は私が話しているとヤジが飛んできたり、会場発言でかなり強い言葉で詰問されたりすることもありました。しかし、何度も話し合いを続けることで、徐々にそうした雰囲気は薄れていき、「みんなで考えよう」という雰囲気ができてきました。

当初、一切表舞台に出てこなかった小田急電鉄や京王電鉄も、回数を重ねて話し合いが穏やかに行われるようになると、議論に参加してくれるようになりました。「人が多すぎて危ないから、駅の南西口に小広場があるといいのでは」「駅付近に案内所がなくて分かりづらいので作ってほしい」など、住民の具体的な提案が現実に検討されて、のちに実際に実現に至ったケースもいくつもあります。

北沢デザイン会議は150人規模で行っていましたが、それとは別に20〜50人程度のテーマを絞ったワークショップも100回以上開催していました。そこでの議論も生かして、世田谷区としてのデザインコンセプトを、まちづくりや建築の専門家に監修してもらいながら作成しました。

当初の計画では、線路跡地に小田急電鉄の作る商業施設と、区が作る公園や通路などが混在しており、隣接していても継ぎはぎだらけの「ぶつ切れ」の状態となってしまう危険性があり、せっかくの空間が活かしきれないおそれもありました。そこで、「こういう雰囲気の空間にしたい」といった住民の思いを取り入れながら、線路跡地のデザインに関する共通指針を作り、「北沢デザインガイド」としてまとめたのです。

また、やはり下北沢のまちづくりについて考える取り組みとして立ち上がったのが「北沢ＰＲ戦略会議」です。北沢デザイン会議は、集まった人たちの意見を区として聞き、参考にさせてもらう場という位置付けですが、こちらは線路跡地に限らず、街全体を対象に住民自身にプレーヤーになってもらうための住民主体の動きです。「下北沢でこんなことをやりたい」「街をガイドする仕組みがほしい」というアイデア出しに始まって、さまざまな部会などが生まれ、動き始めました。

車いすユーザーの人たちが中心になって「この街は本当に誰にとっても動きやすい、ユニバーサルな街になっているか」を考えるユニバーサルデザイン部会、イベントなどの情報を分かりやすく発信する案内部会、街に緑を増やそうという緑部会……。どの部会も、運営は区ではなく住民自身です。会を重ねるごとに、ただ座って意見を言うだけではなく、住民自身が自ら考え、動くという形に変わっていきました。

現在進行形で続く「住民参加のまちづくり」

こうしたさまざまな住民参加を重ねていくことで、一時は再開発計画に賛成、反対で激しく対立していた人たちの間にも、互いの信頼関係、そして「同じ街の仲間だ」という意識が生まれていきました。そして、議論を重ねる中で見えてきた「シモキタらしさ」のあり方を共有できたことが、今のシモキタの姿を作ったのではないかと考えています。

小田急線の地下化が進められた後、一時期下北沢の街から人が減ったといわれたことがありました。よく言われる話ですが、高架を走る電車からは街が見えるけれど、地下化では街が見えなくなる。だから結果として、ずっとその街にいる人の数は変わらなくても、思いついて電車を降りて、ふらっと街を訪れる人が減っ

線路跡地を緑化した現在の下北沢

てしまうのだそうです。

　しかし、この10年にわたり「道が狭くて車が入れない」という下北沢の街の特性を生かして、住民グループがさまざまなイベントを企画してくれました。路地に将棋盤を並べて将棋を指す「シモキタ名人戦」、いまや10万人が集うイベントになったカレーフェスティバル、数万人が参加する駅前広場予定地での盆踊り……。かつては「車が入れないから不便」だといっていた住民からも、「車が入れないからこそこういうイベントができるんですね」という声が出ていたと聞いています。また、私のやり方を厳しく批判してきた住民の1人が、街の一角にピアノを置いて道行く人に自由に弾いてもらう「まちピアノ」というプロジェクトを企画してくれて、世田谷代田駅で実証してみると大きな反響を呼びました。

面白いイベントがあれば、それがニュースとして取り上げられて、「下北沢、面白いことやってるね」というのでまた人が集まります。

ちなみに、住民のまちづくり参画のきっかけを作った北沢デザイン会議は今も、小田急線沿線のまちづくりについて話し合う場として、年1回ペースで開催されています。また、北沢ＰＲ戦略会議は「シモキタリングまちづくり会議」と名前を変え、「まちの魅力」を高める活動を検討、実践していく場として継続。テーマ別に８つの部会などが活動を続けています。

さらに今、世田谷区内ではいくつかの公園整備計画が進行中です。そこでも、下北沢で行ったような住民参加のワークショップなどが活発に展開されています。対話を通じた住民参加のまちづくりは、今も続いているのです。

「御触書《おふれがき》行政」から脱却しよう

ここまでの歩みを振り返って改めて感じるのは、行政が何かを決定する際に、その過程を「透明化する」ことの大切さです。それは、区が実施する事業に特定の人やグループによる利権が入り込む余地を少なくするということでもあります。

ところが日本では、ほんの一部の人たちだけで事業計画が決められて、住民に知らされるのはその後、ということがとても多いのです。江戸時代に代官様から「下々の者」に向けて、時代劇でおなじみの高札による御触書が出されるのと同じ、「御触書行政」です。「この場所にはこういうものができるからいつまでに退去せよ」と、御触書にはもう決まったことだけが書かれているわけです。

現代は一応、説明会のようなことはやるけれど、説明している内容はもう決定済のことばかり。質問は受け付けるけれど30分だけ、ただし「これはおかしいんじゃないですか」といったクレームのような内容は受け付けません……そんな「説明会」

がいまだに続けられています。国会でも使われる常套句《じょうとうく》で「丁寧に説明を尽くしてまいります」と言いますが、あくまでも一方通行の情報伝達が多く、「丁寧に」という言葉が空虚に聞こえるばかりです。

第2次世界大戦での敗戦後、日本は民主化したということになっていますが、本当にそうだろうかと胸に手を当てて考えてみることがあります。多くの時間と予算を要する都市計画などには、国の権限、あるいは自治体の権限ですべてを決めていいんだ、上意下達でいいんだという感覚がいまだに根強く、住民参加の必要性の認識が薄いのが現状です。住民主体のまちづくりへと転換していくことが、社会が変わるための大きな入り口になるのですが、こんな問題意識をこれまで、政治の側もあまり持ってこなかったのではないでしょうか。

もちろん住民参加、住民との対話といっても、簡単なことではありません。国や自治体が自分たちの権限で自己完結的に事業を決めるのに比べれば、手間も時間もずっとかかります。理不尽に思えるようなことを言う人も、以前の話を蒸し返して同じことを何回も言う人もいるでしょう。そこをうまく行政のほうでも発言を保障しつつ交通整理をしながら、粘り強く話し合いを重ねていく。すると、参加者の住民の中から、声を荒らげる人をたしなめてくれる人が出てくる場面もあります。

そうした試行錯誤を繰り返していくうちに、自治体職員のほうも対話の大切さに気づいていく。「時間はかかったけれど、いいまちづくりができた」「完成した公園に、子どもたちが笑顔で遊びに来てくれている」という成功体験を積み重ねることで、説明会ひとつとっても、いい加減にはやらなくなっていきます。

これまで、行政と住民との対話があまり行われてこなかったのは、学校で「私たちのことは私たちで決めるんだ」という主権者教育がなされてこなかったこととも関係しています。特に、私の世代よりも後、１９７０年代以降の学校では、学校の生徒による自治などというものは名ばかりになってしまい、生徒の議論で物事が決められたり、学校が生徒の意見に耳を傾けたりといったことをほとんど経験していない人が多いと感じます。

校則でもなんでも、自分たちのことは自分たちで決めるのが当たり前だという経験を子どものときに持てないと、大人になっても自分が街の担い手だとか、主権者だとか自覚するのは困難です。話し合いや対話と言いながらも、結局結論は変わらないと感じるから「そんなものは時間の無駄だ」と思ってしまうのではないでしょうか。

行政からの「御触書」があっても、納得できなければ仲間と話し合って行政と交渉する、協力してくれる専門家を巻き込んで対案を作る。それは本来、誰でもどこでもできていいはずのことです。まちづくりだけではなく、地域が抱える問題にどんどん参画して、自分たちで解決していこうとする、そういう若い世代を育てていく必要性を、強く感じているところです。

こう見る保坂区政

中島岳志

新たな民主主義を模索

民主主義の教科書として今でも読み継がれているものに『アメリカのデモクラシー』という本があります。これは19世紀に活躍したフランスの思想家アレクシ・ド・トクヴィルの代表作で、アメリカに渡航して、デモクラシーの本質を考察したものです。ここでトクヴィルは、民主主義において重要な存在として個人と国家の間にある「中間領域」に注目しています。アメリカは移民社会です。そのため、新しいまちづくりなどを進めるためには、文化的バックグラウンドの異なる人たちと、丁寧に合意形成する必要がありました。トクヴィルはその「中間領域」での交流で醸成されるパブリックマインド（公共精神）に注目し、これこそがデモクラシーを支える重要な基盤だと論じました。彼が重視したのは、政治家によるトップダウンの「リーダーシップ」ではなく、住民がボトムアップで生成する「タウンシップ」だったのです。この議論は現在でも十分に有効で、たとえば現代社会における「ソーシャル・キャピタル（社会的資本）」の重要性を説くアメリカの政治学者ロバート・パットナムも、トクヴィルのデモクラシー論を下地に議論を展開しています。

現代社会の問題は、トクヴィルがデモクラシーの基盤として重視した「中間領域」がどんどんやせ細っていることです。日本だけの現象ではありませんが、現代社会においては、高齢化などもあって町内会、教会といった、地域の人々が集まって話し合いをする場、小さな「パブリック」というべき場がなくなりつつある。これは民主主義を健全に機能させる上で危機的な状況だと、パットナムは指摘しています。

下北沢再開発の歩みは、まさにこの中間領域、社会的資本を活性化させ、分厚くしていくものだったのではないでしょうか。多くの住民が計画段階から話し合いに参加し、さらには自分たちが主体となってまちづくりの活動を進めていく。それは、新しい民主主義のあり方を模索していく過程でもあったと思います。

その中では、何度もワークショップや話し合いの場が設けられたわけですが、実は重要なのは「そこで何が決まったか」

ではありません。私が尊敬する国際政治学者・高坂正堯《まさたか》の代表作に『古典外交の成熟と崩壊』があります。1814年、フランス革命とナポレオン戦争後のヨーロッパの秩序回復を目指して開かれた「ウィーン会議」について論じた本です。

このウィーン会議は「会議は踊る、されど進まず」と揶揄されたように、数カ月にわたって続いたにもかかわらず、いっこうに議論が進まず、何も決まらなかった会議でした。ところが、面白いことにこの会議の後、第1次世界大戦までの約100年にわたって、ヨーロッパではある程度平穏な秩序が保たれることになるのです。それまでずっと争いが続いていたわけですから、この意味は大きい。では、なぜ「何も決まらなかった」ウィーン会議によって平和がもたらされたのか。この問いに対する高坂の答えは「会議が踊ったから」なのです。これは慧眼だと思います。

会議に出席した人々が、数カ月間にわたって何をやっていたか。もちろん、真面目に議論だけをしていたわけではなく、夜になれば宴席が設けられ、ダンスパーティーで実際に「踊った」りもしていたようです。その中で、出席者同士「あのオペラはいい」「この音楽はどうだ」なんていう会話が生まれ、「同じヨーロッパ的な感覚を持つ仲間」としての意識が生まれ始めた。それによって、「同じヨーロッパ人」である相手と戦争をするという選択肢が、彼らの中からなくなっていく。そして、その感覚を出席者たちが自分の国に持ち帰ったことで、平和が実現したのだというわけです。

こうした「古典外交」において重要だったのは、直接顔をつきあわせ、話をして信頼を醸成していくこと。それによって安定がもたらされるのであって、結果として何かが決まるかどうかはそれほど重要ではなかったと、高坂は述べています。

下北沢でのワークショップや話し合いも、そうした面があったのではないでしょうか。具体的なプランなどにおいては意見が違っても、何度も何度も顔を合わせる中で、「下北沢」という街の魅力、価値を共有できる仲間だという感覚が住民の間に醸成されていった。だからこそ、最初は対立していた人同士が一緒にまちづくりに取り組んでいくような空気ができてきたのだと思います。そしてそれは、まちづくりにおいてとても重要なことなのではないでしょうか。

第4章

教育

日本の学校教育は、これでいいのか

今回取り上げる「教育」は、おそらく多くの人にとって身近で関心の高いテーマではないかと思います。世田谷区でも、前回の区長選挙（2023年）の投票日にNHKが実施した出口調査で、有権者の関心が高かったテーマの1位が「教育・子育て支援」でした。ほとんどの人が関心を持つ「経済・景気問題」よりも上だったというのが、とても印象的でした。私自身がそのときの区長選挙において、公立オルタナティブ・スクールの開校や世田谷区採用の教員の確保など、「公教育の改革」を強く訴えていたので、公約に対する反響が大きかったのかもしれません。

しかし、政治の場面においては、給食費や高等教育の無償化という話題は語られても、「学校の教育の質はこれでいいのか」ということは、ほとんど議論になってこなかったように思います。不登校の子どもたちがどんどん増え、いじめの問題も長く指摘されているにもかかわらず、なくならない。そうした深刻な問題があまり語られず、ほとんど制度や予算の問題に議論が終始してしまっている現状があるのではないかと考えています。

「起立・礼・着席」で授業が始まって、先生が教室で生徒に向かって話し、生徒たちは板書の内容をひたすらノートに写し取っていく――。ノートがタブレットに替わっても、そうした授業の光景は昔とあまり変わっていません。それどころか、生徒たちが１人ひとりの関心や個性を生かして、仲間と一緒にワクワクしながら文化祭で何かを作り上げるといった場面は珍しくなっている。先生たちもどこかイライラしていて、子どもたちとの関係をうまく作る余裕がなくなっていることが多い。日本の教育は本当に、これでいいのかと考えざるを得ません。

そんな思いもあって、２０１４年に私は教育長や区内の小中学校の校長と共にオランダの教育現場を視察しました。主たる目的は、ドイツの大学教授が発案し、１９６０年代のオランダで発展した「イエナプラン教育」について知ることでした。

イエナプラン教育は、「子どもたちが自ら考え、行動することを重視する」「子どもたち1人ひとりを尊重する」教育だといわれます。具体的に日本の一般的な学校教育と違う点を挙げると、子どもたちが学ぶ教室に、そのクラスの統一した時間割がありません。あえて言えば、個人用の学習プログラムが時間割であり、学習計画です。子どもたち1人ひとりが興味・関心に応じて、自分で学習プログラムを組み立てていくので、クラスの子どもたちは短時間の計算ドリルなどクラス全体で学ばなければならないこともありますが、まったく異なる教科やテーマを学ぶこともあり、その学習のタイミングも異なるのです。

クラスは、異年齢教育の子どもたちで作られています。同学年の子どもたちだけでクラスが編成されている日本と違い、イエナプラン教育では、6歳から8歳くらいなど、3歳くらいの幅がある子どもたちが1つのグループとして学習や生活をします。グループでは自然と年長の子どもが年少の子どもを助けるようになりますが、毎年、年長の子どもが次のグループに進級し、新しく年少の子どもが入ってくるので、どの子もサポートする側とされる側、両方を経験できる仕組みになっています。

学んだことを評価するにあたって重視されるのはテストではなく、プレゼンテーションが中心です。私が訪れた学校では、日本でいう小学校6年生の12歳の女の子が南アフリカの元大統領、ネルソン・マンデラについてインターネットで調べていて、「マンデラの生涯についてプレゼンするんだ」と張り切っていました。学びのスタイルは自律自習であり、先生はアドバイザーでしょうか。

しかも、そのプレゼンテーションの場には地域の人たちも見に来ていて、いいプレゼンテーションができたら大きな拍手をしてくれたりします。子どもたちは、テストでいい点をもらってそれで学びを完結させるのではなく、地域の大人たちや周囲の人たちからいろいろな言葉を「生きたプレゼント」として受け取りながら成長していくのです。

また、先生も生徒もみんなが円座（サークル）になって、対等な立場で話し合う「サークル対話」も、イエナプランが重視する形としてよく知られています。先生が教壇の前に立って一方的に話す日本の教育とは、大きく異なっていることが分かるでしょう。

2018年に、このイエナプラン教育を日本に紹介したことで知られるオランダ在住の教育学者、リヒテルズ直子さんと対談をして『親子が幸せになる子どもの学び大革命』という本を出版しました。ヨーロッパの事情などにも詳しいリヒテルズさんのお話を聞きながら、「学びとは何か」という学校教育の主軸になる部分が、世界では変わりつつあると感じました。同時に、日本はそれに追いついていけているだろうかという疑問も抱いたのです。

コロナ禍と日本の学校の現状

前述の本を出して5年以上が経ちました。その間にあった大きな出来事は、やはり新型コロナウイルス禍が挙げられます。

感染拡大が始まってまもない2020年3月、当時の安倍晋三首相の要請によって、突然の全国一斉学校休校が行われました。もちろん、首相が「休校だ」

と言ったからといって決定権があるわけではなく、最終的に決定するのは市町村の教育委員会なのですが、結局は世田谷区も含めほとんどの自治体が要請に従い、公立小中学校の休校を決めました。一方で通勤客で満員の電車はそのまま走っていたりもして、疫学的な合理性があったのかどうかは疑問ですが、ともかくほとんどの学校が3月から、数カ月にわたって休みということになったわけです。

学校休校当時に海外や、また一部の私立の学校などではオンライン授業が行われ、世田谷区内の公立学校の保護者からもオンライン授業を求める声が強まりました。しかし、学校にそのノウハウがない。それどころか、学校の先生が使っているパソコンではふだん、ＹｏｕＴｕｂｅへのアクセスも禁止されている。当時は連日のように教育長と話をして、ようやくアクセス許可を出してもらってオンライン授業を開始した、ということもありました。

また、「ソーシャルディスタンス」（社会的距離）が求められ、学校が再開した後もマスク着用は必須。給食の時間も隣の友だちとも話をせずに食事をする「黙食」が推奨されるようになりました。子どもが育つ際に欠かすことのできない喜怒哀楽や共感の表現が、強く抑圧されてしまったわけです。

会話すら困難な状況が、子どもたちの精神状態に与えた影響は大きかったと思います。マスクが体の一部のように感じられて、「取るのが怖い」という子どもが少なくありませんでした。また、世田谷区ではコロナ禍前、不登校の子どもが900人近くいたのですが、それがコロナ禍を経て1400人、1500人と大きく増えていきました。小中学生、高校生の自殺者の数も全国的に上がっていて、子どもたちの世界に大きな異変が起こっていることが心配になります。なんとか学校に行っているので不登校には数えられていないけれど、心は学校にはない、という子どもは実はもっともっと多いのではないでしょうか。

そんな中で、「こんな学校教育でいいのか、変えるべきではないか」ということを指摘する声が、各方面から少しずつ上がるようになってきました。経済界からもそうしたことを指摘する人が出てきているようです。

実はこれまでの学校教育は、1966年の中央教育審議会で描かれた「期待される人間像」をもとに、「自分の意見を主張せず、素直に言うことを聞く子ども」を育てるというもので、当時の経済界からの強いオーダーでもありました。それが今、完全に時代遅れとなり、多様化するグローバル社会、また型にはまった知識だけでは対応できないサービスが求められるようなポスト工業化社会に、まったくかみ合わなくなってきたということなのでしょう。

こうした状況を受けて、私立の学校ではイエナプラン教育をはじめ、伝統的な学校教育とは違う教育を実現させている学校も増えてきています。また、日本の教育に見切りをつけて、主に学校教育の選択のために一家で日本を出て移住し、早い時期から海外の学校に子どもを行かせる保護者もいると聞きます。海外でなくても、国内で特色ある私立学校を選んで移住するケースも多くあります。

しかし、教育のための移住といった選択肢を採れるのは、経済的に恵まれた家庭に限られます。それ以外の子どもたちは、近くの公立学校に行くことになるでしょう。学校教育がこのままではいけないという危機感から新しい学校が生まれてきたりしているのに、大半の子どもはそれを選ぶことができずに、公教育の中にいる。その構造を変えるために何が必要でしょうか。

これはリヒテルズさんに聞いたことですが、オランダでは国民の望む多様な学校教育の場を自治体が設置する義務があり、人々には教育を選ぶ権利があるという考えが共有されているといいます。独自の教育プログラムにより多様な教育をする学校が存在し、イエナプランだけでなく、モンテッソーリ、シュタイナー、フレネ、ダルトンなど、従来の教育法とは異なるオルタナティブ教育も活発です。こうした教育にも国や自治体の予算が出ていて、公立学校と同じ扱いになっているのだそうです。

日本でも、私立学校などで新しい試みをするにとどまらず、地域に身近で保護者の負担の少ない公教育そのものを変えていくべきなのではないかと思います。

長年の管理教育がもたらしたもの

振り返ると、私の子どものころはまだ「これからは民主主義の社会だから」といって、学校の先生にもできるだけ子どもたちに自分の意見を言わせて、クラスで話し合いをさせようとする姿勢がありました。意見を問われて「みんなと同じです」「意見はありません」なんていうのはなかなか通りません。

私が小学生のときにも、ボールを使った遊びを「危険だから禁止」とするかしないかで、クラスで白熱した議論になったことがありました。今から見れば子どもらしいテーマの議論でしたが、遊びのこととなると真剣でした。子どものころにクラス討論をたびたび経験したことが、私自身の生き方を決めた部分があるようにも思います。私より数年上の団塊の世代が、のちに「学生の自治権」を求めて学生運動を起こしたのも当然ともいえるかもしれません。

しかし、その学生運動が終息すると、反動として「学校の自治」は否定されるようになり、「自治」も形骸化していきます。学校教育においても生徒はとにかく「学校に、先生に従う」ことがよしとされるようになりました。１９８０年代には中学校が荒れて校内暴力が大きな問題になり、教育ジャーナリストとして活動していた私もいくつもの学校事件の現場を取材しました。教師に反抗している生徒の話を聞いてみると、その背景には教師によるひどい体罰の蔓延があったという事実が隠れていました。しかし、それを否定する声はあまり強くなりませんでした。１９８３年には、過酷な「スパルタ教育」で知られる戸塚ヨットスクールで死者が出ていたことが明るみに出て、事件にもなりましたが、それでもテレビでは「良い点もある」などとされ、一部では評価され続けるような状況が続いていました。

逆に、校内暴力で学校が荒れたことへの対応として、「大人が甘い態度を見せると子どもがつけあがる」という考え方は、ますます強まっていきました。外面的な規律を強化し、父権主義的なパターナリズムを強調する、そして「好きなことをやりたいなら一人前になってからやれ」などといって子どもの個性を否定し、どこまでも「大人に従うべき存在だ」とする教育がいっそう広がっていったのです。

今日、問題になっている厳しく細部まで規制するようなブラック校則はこの時期に強化され、厳しい管理教育が、１９８０年代の終わりから１９９０年代にかけて小学校にまで降りてきた。そして、鋳型《いがた》にはめられたような子どもをつくる教育が日本中どこでも行われるようになったのだと思います。

その結果として、実は今、企業や自治体は大きな壁にあたっています。「新入社員や職員が周囲に順応するのみで、新しいことに挑戦しようとしなくて困っている」という声が増えているというのです。様子見ばかりして動こうとしない、意見を聞かれても顔を見合わせて「みんなと同じです」と言うだけで、創造的な意見が出てこない……。

考えてみれば当たり前で、学生時代はずっと「みんなと同じにしろ」と独創性や冒険心を封印されていて、目立つようなことをすると怒られたり、ひどいときは、いじめのきっかけになったりすることもありました。そうした経験があれば「なるべく縮んで目立たないようにしていよう」という姿勢が身につきます。それで社会人になって「どんどん提案しよう」「失敗してもまた挑戦すればいい」と言われても体が受けつけず、いきなり動けるはずがありません。

学校でも、教える側の先生たち自身が、そうして周囲に同調する経験しかしてきていないわけです。その先生たちが「好きなことを言っていいんだよ」と子どもたちに働きかけるのはやはり難しいでしょう。教える側が、子ども時代に抑えられてきたものをもう一度回復していくプロセスが必要なのかもしれないと感じています。

注目を集めた「公設民営フリースクール」

世田谷区でこれまで進めてきた「公教育を変える」試みについて、いくつか説明していきたいと思います。

２０１６年に「教育機会確保法」という法律ができました。立法を準備していた当時は「フリースクール法案」と呼ばれていたのが、こんな親しみにくい名前になってしまったのですが、内容は画期的です。子どもたちには学校外でも学び育つ権利がある、国や自治体はそれを保障していく必要があるということを文部科学省が初めて認めたのです。

この政策提案を受けて２０１９年、世田谷でも公設民営のフリースクール

「ほっとスクール」を拡大しました。区の教育委員会が建物を作り、長年フリースクールを運営してきたＮＰＯ法人に運営を委託する形をとりましたが、開校の翌年には50人の定員いっぱいになっていきます。入りたい希望者は半年から10カ月もの間待ってもらわないといけないほどの人気ぶりでした。現在では、区内に3カ所の「ほっとスクール」ができています。

また２０２２年には、世田谷中学校の分教室という形で、少人数制の不登校特例校を開校しました。今は「学びの多様化学校」と呼んでいますが、こうした不登校の子どもたち向けの特例校は、一般の中学校に比べて学習指導要領の当てはめ方がかなり柔軟です。だから、机に向かっての授業をするだけではなく、たとえば午後は全部「総合の時間」にしたりと、比較的自由な使い方ができる。通常の学校に行けない子どもたちが「ここなら通える」と通ってくれています。

さらに今は、絵を描いたり歌を歌ったりといった芸術文化分野、あるいは科学技術分野についても、専門家をはじめとする大人たちがとことん伴走しながら学びを構築していけるような、新しい学校を作りたいと考えています。「学びの多様化学校」の制度を活用して、ぎりぎり可能だという範囲の中で、学びの改革をどう実現していくかを考えているところです。

これもリヒテルズさんからお聞きしたのですが、オランダでは「教育監督局」という部署があって、全国の学校の教育水準を見ているといいます。一方で、200人から300人の保護者が「こんな学校を作ってほしい」と署名を集めて提出すると、自治体はそれを受けて学校を作らないといけないことになっていたそうです。「学校設立の自由」ですね。

もちろん、どんな学校でもいいわけではありません。最低限の子どもたちの学習権が守られるよう、一定の学習理解ができているかどうかなどを国の基準できちんと見て、そこが守られていなければ学校にイエローカードが行く。そうした審査も第三者をまじえ、オープンに行われます。そして、十分な教育が行われていないと判断された学校には国からベテラン教員が行って指導したりと、教育の質が担保される制度が整備されているそうです。日本でも、こうした制度を参考にしていく必要があるのかもしれないと感じています。

子どもの意見を反映した「教育大綱」

「これまでにない新しい学校や教室を作るだけでは、世田谷区で今一般の学校に通う5万人以上の小中学生はどうなるんだ」という声が当然ながら上がってくるでしょう。そこで、２０２１年に、区の学校、子どもたちを支える拠点となる「教育総合センター」を立ち上げました。

ここでは、区の教育委員会の職員が約３００人働いていますが、それだけではありません。区職員の研修部門、世田谷区の持つシンクタンクである「せたがや自治政策研究所」なども入った複合施設になっています。地域の皆さんや教員・保育士とともに考えた「子どもたちの非認知的能力をはぐくむ『遊びと学び』」をコンセプトとした屋外広場や交流エリアも、地域の人たちに自由に利用していただけるようになっています。

現在、この教育総合センターを拠点に、「まちを学校に」というスローガンを掲げての取り組みを進めているところです。子どもたちがもっとまちに出ていって、さまざまな発見や学習、交流をする。そういう形のキャリア教育を柱にしたプログラムを、区立学校で展開したいと考えています。

また、第2次安倍政権時代にできた「総合教育会議」という制度があります。自治体の大きな教育方針については、首長と教育委員会が公開の場で議論しなくてはならないというものです。もともとは、独立性の強い教育委員会に対して首長側がモノを言える場として、首長の権限を強めるという目的もあったようですが、世田谷区では制度を逆手にとって、学校の校長先生や現場の教員、またＰＴＡの方たちなどを招き、最大で４００人もの人たちが参加する大規模な会議を開いてきました。

総合教育会議では、現地で見てきたイエナプラン教育について報告もしながら、偏差値重視の日本型の学校教育モデルをバージョンアップしていこうという話を何度もしてきました。もちろん出席者にも自由に発言してもらって、「今が変化への境目の時期だ」という意識を、教育委員はじめ教育に関わる人たちと共有してきたことで、「時代ニーズに合わせた新しい学びの場を作っていこう」という雰囲気が、世田谷区では生まれつつあります。

さらに２０２３年には、これらの取り組みの集大成という形で、区の教育の基本的な枠組みとなる「世田谷区教育大綱」の改定を行いました。これも「総合教育会議」で決定したのですが、ここでも「多様な学び」について、そして誰もが「学びの権利」を持っていること、子どもが尊厳を持って成長することの大切さなどについて述べています。また、これからを生きる子どもたちが、気候危機による大きな影響を受ける、そういう事態をわれわれ大人が招いてしまったという責任から、これからの時代の最大の課題は「人類と地球の共存」である、とも書き込みました。

改定の１カ月ほど前、２０２３年10月には、区内の小中学生７人に集まってもらい、大綱の素案を読んで意見を言ってもらう会を開催しました。同年４月に施行された「こども基本法」にも、すべての子どもが「自己に直接関係する全ての事項に関して意見を表明する機会」を保障されなくてはならないとありますが、その「意見」を聞く場を設けたわけです。

もちろん、小中学生といってもたった7人だけですから十分とは言えませんが、それでもさまざまな意見を聞くことができました。特に、子どもが「未熟な大人」ではなく、個性を持った「独立した人間」だということを書いた部分に対して、子どもたちの反応が大きかったことがとても印象的でした。大人が「未熟な大人」である子どもに常に一方的にインプットするという関係性ではなく、寄り添い導いていく、そういう関係性を作っていくことの重要性を改めて感じました。できあがった大綱にも、ここで出してもらった子どもたちの意見が反映されています。

新しい試みを広げていくために

かつて、1980年代から1990年代半ばにかけて、教育ジャーナリストとして活動していた時期、シンポジウムやテレビ番組などで、何百回と議論に参加しました。いじめ問題をどうするか、行きすぎた管理教育をどうするか……。

しかし、そこで「改革の必要性」は指摘されても、いつも「まだまだ課題は残っています。これからも議論を続けましょう」で終わってしまって、実際に変化が起こるまでには至りませんでした。「言っても変わらない」「議論しても意味がない」ように見える典型的な分野が、教育だったといえるかもしれません。

それは、現状では教育に関わる人たち自身が、従来の教育しか知らないからだと思います。ペーパーテストが重視され、まるで受験結果で人生が決まるように、少子化が進んでも競争は続いていく――。それ以外の形を知らないから、何か違うことをやったら大変なことになるんじゃないか、という恐れが生まれてくるのだと思います。

そうなると、一番安心できるのは「今までどおりに何も変えない」「他と同じようにやる」こと、平均からはずれないようにすることだということになります。だから、なかなか新しい試みが広がっていかないのではないでしょうか。

実は世田谷では２０１０年に区立桜丘《さくらがおか》中学校に、西郷孝彦さんという新しい校長が赴任し、大改革が始まりました。校則は生徒会での議論を重ねた上で基本的に廃止、生徒会による自治を最大限認める、標準服は強制せずに服装は自由、定期テストや宿題も廃止、スマホの持ち込みもＯＫという、これまでにない学校が生まれたのです。私も行ってみたことがありますが、校長室に子どもがしょっちゅう出入りしていたり、「教室にいるのがしんどいから、ここがお気に入り」と廊下に机と椅子を置いてパソコンを叩いている子がいたりと、異色の風通しのいい雰囲気でした。文化祭も子どもたちの手作りなのですが、ユニークでレベルの高いバンド演奏やダンスもあって、発表を見ていて思い切り会場で拍手したのを覚えています。

だからといって授業をないがしろにするのではなく、ネイティブスピーカーの先生による英語の授業に力を入れていました。「桜丘中の子どもたちは面接でもしっかりとした受け答えができる」といって、高校の推薦入試でも高い評価を受けて次々と進路が決まったと聞いています。

２０１９年には、この桜丘中学校の改革をテーマに、同校の保護者有志でシンポジウムをやりました。学校のすぐ近くにある東京農業大学の講堂を借りて開催したのですが、１０００人入る講堂はほぼ満席で、ものすごい熱気でした。このシンポジウムの内容は『「過干渉」をやめたら子どもは伸びる』という本となって、反響を呼びました。

会場で配布したアンケートに「学校をどのように変えてほしいのか、要望を書いてほしい」と呼びかけたところ、びっしりと書き込んだアンケートが５００枚以上も集まって、大きな束になるほど。その内容の多くは、「世田谷区全体にこうした教育を広げてほしい」「こんな学校に変えていってほしい」というものでした。

西郷校長は２０２０年に退任されましたが、その後も桜丘中学校の自由な雰囲気はそのまま受け継がれました。ところが、「これを他の学校にも広げていこう」という動きのほうは、すぐには進んでいないのが現状です。

シンポジウムで「転換」への機運が生まれた直後に、コロナ禍の緊急事態になってしまったということもあるのですが、大きな理由はやはり「他と違うことをしない」「周囲を見て同じことをする」という風潮が強いからだと思います。

もちろん、それがいい方向に働く場合もありますが、その同調圧力が今は過剰に働き過ぎている気がするのです。

実は、先ほどの教育大綱のところで触れたように、もっとも「変わること」の重要性を理解してくれているのは、学びの主体である子どもたちなのかもしれません。そこにこそ、一番の希望と可能性があるのではないか。その希望と可能性を信じて、取り組みを進めていきたいと考えています。

こう見る保坂区政

中島岳志

「統御」から「寄り添い」へ

20代のころ、インドにおけるヒンドゥー教右派運動について研究していたときに、その下部組織を訪ねて共同生活をしていたことがあります。彼らは毎朝、若者たちを集めて棒術などのトレーニングをしていたのですが、中でも一番重要なメニューになっていたのが「整列行進」でした。「エークドー、エークドー（ヒンドゥー語の「イチ、ニ」）」のかけ声に合わせてみんなが行進して、「回れ、右！」「止まれ！」などとやるわけです。

ところが、私はこれがその場にいる誰よりもうまかった。もたもたしている若者たちの中で、私1人、きれいにリズムに合わせて「整列行進」ができる。しまいにはリーダーに「前に出て見本をやってみせろ」と言われ、「タケシの『回れ右』には切れがある」と褒められる始末でした。

なぜそうなったのか。もちろん、日本では小学校から「整列行進」を教えられるのが当たり前、私が通っていた学校でももちろんやらされていたからなのですが、調べてみるとこれは明治時代にさかのぼるのです。日本が対外戦争になったときに、国民を「使える」兵隊にするために、初代文部大臣だった森有礼《ありのり》が主導して、ドイツ式の「兵式体操」や「リズムに合わせて動く」音楽教育を取り入れた。実はそれまでは、日本でも誰も「整列行進」なんてうまくできないのが当たり前だったのです。

つまり、日本の近代教育においては、学校は国語や算数の科目を教える場である以上に、国民を命令に従って動けるように育てるための規律訓練の場だと考えられていた。現代の学校においても「整列行進」が当たり前だったり、校長先生の話を何十分もじっと立って聞かされたりするのは、そこが本質において変わっていないからなのではないでしょうか。

しかし、そうした近代教育、管理教育は今、臨界点に来ていると思います。不登校が急増していることもそうですし、AIの発達で単純作業は機械に任せられるようになり、より人間的な、創造的な力を伸ばすことが求められているという状況もある。その中で、子どもをコントロールするのではなく「沿う」、子どもたち1人ひとりのやりたいことに寄り添いながら、その子の魅力やポテンシャルを引き出していく。そうした方向に教育を変えていくことが今、求められているのではないでしょうか。保坂さんが紹介されているイエナプランも、まさに「1人ひとりの個性を引き出す」ことを重視した教育です。

そして、こうした教育のあり方は、世田谷で行われてきたまちづくりの手法にも共通すると思います。行政が作ったプランを上から押しつけるのではなく、ワークショップや話し合いを通じて、住民たちの力を引き出し、生かしながらボトムアップで作り上げていく。あるいは、第7章で取り上げられているグリーンインフラもそうでしょう。地球環境を自分たちに都合のいいようにコントロールしようとするのではなく、自然のポテンシャルをうまく生かし、添いながら人間と自然との関係性を保とうとしているわけです。

つまり、統御の時代から寄り添い、力を引き出す時代へと、時代そのものが変化しつつあるし、しなくてはならない。教育の問題も、その中に位置づけて見ていく必要があるのではないかと感じています。

第５章

新型コロナウイルス対応

コロナ禍の始まりとＰＣＲ検査センター

２０２０年の初めから広がった新型コロナウイルスの感染拡大は、人々の暮らしのあり方を大きく変えました。かつてない災禍に、世田谷区はどう対応したか――。このコロナ禍の長期にわたる緊急対応には、他の仕事にほとんど手がつけられないくらい集中的に、朝から晩まですべての力を出し切って挑みました。

国内で初めての新型コロナ感染者が確認されたのは２０２０年1月15日。世田谷区ではそのすぐ後、同月27日に「新型コロナウイルス感染症対策本部」を立ち上げました。そこから間もなく、2月に入ると世田谷区内でも感染者が出て、徐々にその数が増えていくことになります。

初期に浮かび上がってきた問題は、「発熱時に希望してもなかなかＰＣＲ検査が受けられない」ということでした。高熱が出てかかりつけ医からも検査を勧められているのに、保健所の電話相談センターに連絡しても、なかなかつながらない。つながっても、「もう少し様子を見てください」と言われてしまう…。そうした悲痛な声が、あちこちから聞こえてきたのです。

当時、国は「軽症者にまでＰＣＲ検査をしていたら、医療崩壊を招く」として、検査を受ける目安の１つを「発熱が４日間以上続いたとき」などとしていましたが、世田谷区ではそれに固執することなく、保健所に対しても「希望者が検査できないようなことは極力ないようにしてほしい」と指示を出していました。感染拡大を防ぐためにはまず検査をしっかりすることが大事だと考えたからです。保健所のほうも、「４日間」を機械的に当てはめるようなことはせず、検査希望には可能な限り対応してくれていたと思います。

しかし、感染者の増加とともに、どうしても保健所だけでは手が回らなくなってきました。そのときは、発熱患者さんの相談センターでの電話対応からご本人のＰＣＲ検査の実施、結果の通知、陽性だった場合に治療を受ける病院への連絡や送迎など、一連のプロセスの何もかも保健所が一手に担っている状態でした。しかも、１９９０年代の行政改革などの影響で保健所は区内に１カ所のみになっています。

幸い、各総合支所5カ所に健康づくり課など保健師の活動拠点を残してあったので、保健所に集合をかけました。それでも急増する業務に、現場はまさにパンク状態だったのです。

そこでまず、民間医療産業の医師や看護師、保健師に応援に入ってもらって、電話相談センターの回線を増強することで「電話してもつながらない」状況を改善することにしました。並行して、保健所や区内の医師会（世田谷区医師会、玉川医師会と2つあります）、病院の責任者など医療関係者が一堂に会する、新型コロナ対応についてのミーティングを実施。「ＰＣＲ検査をもっと拡大すべき」だという方針を確認し、世田谷区医師会の協力を得て、そこから数日間で区内に新しくＰＣＲ検査センターを発足させました。

それまで検査は保健所と、一部民間病院の外来のみで行っていたのを、新たに別ルートを設けてＰＣＲ検査を受けられるようにしたわけです。これによって、保健所の負担を減らすとともに、区全体での1日の検査能力を一気に増やすことができました。

その後、５月下旬から６月にかけて一時期感染者数が減ったことから、自治体によってはＰＣＲ検査体制を縮小したところもあったようです。しかし、世田谷区では第２波、第３波も意識して体制を維持しておくべきだという医師会の皆さんの熱意もあり、むしろ検査能力の拡充の準備を進める方向に動きました。実際に第２波が来たときには、その準備が功を奏し、拡充した検査体制がフル稼働することになったのです。

ただ、もともと世田谷区は都内で最も人口の多い自治体ですし、検査する数が増えれば、当然ながら陽性者数も増えます。結果として「陽性者数が東京の自治体で１番多い」ことになり、それを強く批判されたこともありました。しかし、区としての方針を変えようとは思いませんでした。問題は陽性者数が多いかどうかではなく、いかに感染を広げないか、いかに重症者を早く治療につなげ、軽症者が重症化するのを防いで、１人でも多くの命を守るかです。そのためには、「人との接触を避ける」などの努力を呼びかけるだけでは足りず、まず徹底的に検査をして、感染源を特定することが絶対に必要だと考えたからです。

クラスターを防ぐ「社会的検査」

さらに、2020年10月からは、高齢者施設、介護施設などの職員を対象に徹底的なPCR検査を行うことでクラスター化を防止する「社会的検査」をスタートさせました。

第1波のさなかだった2020年春、のちに国会の参考人も務めることになる児玉龍彦・東京大学先端科学技術研究センター名誉教授に、コロナ対策についての助言をいただく機会を得ることができました。児玉先生は当初から、ヨーロッパ各国の高齢者施設や介護施設、医療施設などで、入居者や患者だけでなく職員の間でもコロナが蔓延《まんえん》し、治療も受けられないままに多くの人が亡くなっていっている状況に強い危機感を抱いておられました。そして「同じことを日本で起こさないように、しっかりとした戦略的な検査を導入して、院内感染や施設内感染を徹底防止することが急務だ」と主張されていたのです。

そこで、希望する施設には区が無料で、定期的にＰＣＲ検査を実施する仕組みを作ることにしました。しかし、世田谷区内には介護施設だけでも１２００カ所ほどあり、施設職員だけで約1万９０００人います。さらに、食事や清掃を担当するスタッフなど、出入りする人たちを含めれば2万人近くになります。そのすべての人に定期的な検査をしようとすると、複数のチームで回っても1周するのに2カ月半くらいはかかってしまう計算でした。

これでは間隔が空きすぎて、十分な対策とはいえません。そこで定期検査以外にも、高齢者施設などで陽性者が出たことが分かった施設にはすぐに区の医療チームが訪問して、入居者・職員全員に検査を行う仕組みを作ることにしました。これによって、陽性者が出た場合も、それがクラスター化することを極力防ぐことができたのです。

こうした「社会的検査」の取り組みに対しても、「検査資源がなくなる」「陽性者があふれて医療崩壊する」などの批判がありました。しかし、私は「それは実際には逆だろう」と考えていました。検査を徹底しなければ、気づかないうちにもっと感染者が増えて、より多くの人が治療を受けなくてはならなくなる。そのほうがはるかに医療に負荷がかかるのだから、ＰＣＲ検査で施設全体がクラスター化することは避けなくてはならないと考えたのです。

世田谷区でこの「社会的検査」方針を打ち出したのは7月でしたが、実は国もそのすぐ後に、同様の方針を出しています。8月28日に当時の安倍首相が記者会見で、「特に重症化リスクの高い方がおられる高齢者施設や病院では、地域の感染状況などを考慮し、職員の皆さんに対して定期的に一斉検査を行うようにし、高齢者や基礎疾患のある方々への集団感染を防止すべきだ」と発言したのです。

実はこれは安倍首相の辞任記者会見の冒頭での発言だったので、報道は「辞任」一色になり、ほとんど注目を集めることはありませんでした。しかしその後、厚生労働省も「施設や病院での定期的な検査」を方針として打ち出し、9月には感染拡大地域の高齢者施設などを対象としたＰＣＲ検査について、「行政検査」として費用を国費で一部負担するという通知が出されることになります。世田谷での取り組みが、結果的に国の施策をリードする形になったのです。

２０２０年10月に始めた区内の特養ホームの「定期検査」では、10名の無症状の陽性者が確認されました。さらに職員３名と入居者２名の陽性者が追加で見つかり、クラスター化の前に感染防止対策をとったことで、デイケアを止めただけで施設機能を止めずにすみました。

「プール方式」検査を先行実施

同様に、世田谷区から発した提言が国の施策に取り入れられたのが「プール方式」によるＰＣＲ検査でした。

世田谷区では児玉先生の助言もあり、私は当時、街頭無料検査が行われていたニューヨークなどのように「いつでも、誰でも、何度でも」ＰＣＲ検査が受けられることを目指すことを指標にして検討することを指示してきました。しかし、そこまで大量に検査ができるようにするには、従来の検査方法では追いつきません。そこで導入を検討したのが、すでに海外では多く採り入れられていた「プール方式」

による検査でした。

プール方式とは、採取した検体を検査機器で1人分ごとに調べる当時の検査とは違い、複数人分の検体を混ぜ合わせて一気に検査するという手法です。陰性であればそれで全員問題なしと判断し、陽性反応が出た場合だけ、取り置いておいた複数人の検体を個別に再検査して陽性者を確定させていきます。通常の検査よりも時間も費用もはるかに少なくて済むというメリットがあるのですが、2020年の秋の段階では国立感染症研究所では「まだ正確性が保障されていない」といって、「検証中」を理由に実施のGOサインに二の足を踏んでいました。

そこで、児玉先生が中心になって、下北沢の街頭での無料検査実験を実施してもらいました。350人分の検体を採取してプール方式で検査したところ、全員が陰性という結果でした。すでに陽性と判明している検体を350人分の検体にいくつか混ぜてからプール方式で検査してみたところ、100％陽性の結果が出ました。単体での検査とプール方式での検査に有意な差は認められず、1人でも陽性者が混じっていれば、正確に検査結果が出ることが分かったのです。即座にこの実証実験の結果を厚生労働省に渡しました。
「これならば問題ない」ということで、区では２０２０年12月に、高齢者施設などの無症状職員への検査に、プール方式を導入する準備を始めました。同時に、「国も早く導入を」と、田村憲久厚生労働大臣（当時）に直談判をしました。結果、２０２１年1月に厚労省は「プール方式の検査を認める」と発表しました。あのとき、もし世田谷区が実現を迫っていなかったら、導入は数カ月遅れ、検査体制の拡充がさらに遅くなったのではないかと思います。

また２０２１年、オミクロン株の拡大を前に、区では「抗原検査キット」を大量に集め仕入れていました。暮れから２０２２年の年明けにかけて感染者が急増し、区や医師会のＰＣＲ検査センターにも、地域のクリニックにも検査希望の方が殺到してさばききれなくなりました。そこで同年1月、緊急措置として「抗原検査キット」を区内3カ所の駅前などで配布しました。さらに区内の薬剤師会の協力で3月には調剤薬局でも配布を続けました。国が抗原検査キットの重要性に気づき確保を呼びかけたのは、同じ1月の、区が配布準備を始めていたころでした。

さらに、医師会や区内の医療法人の協力を得て、オンラインで完結するシステムを構築し、抗原検査を受けられる仕組みも導入しました。朝起きて、熱や咳などの症状があったら、まずオンラインで申し込みページにアクセスしてもらいます。いくつかチェック項目があって、「陽性の疑いあり」となったら、抗原検査キットが自宅までバイク便で届けられる。検査をして陽性であれば、オンラインで診察を受けてもらい、医師の診断に基づいて再びバイク便で薬が届けられるのです。朝に「熱があります」と連絡すれば、早ければお昼に診断がつき、夕方には薬が手元に届くことになります。

日本で初めての試みということで話題になり、テレビで取り上げられたこともありました。しかし、コメンテーターとして出演されていた医師の方が「これは世田谷区だからできることで、他の自治体では難しいでしょう」とコメントされていて、「まず挑むことが必要で、あきらめてほしくない」と悔しかったのを覚えています。

感染症対策は国が決めるんだから、自治体はそれに従っていればいいんだという考え方もあるでしょう。しかし、国が十分な対応を取れていないときにそれに従っているだけでは、住民の不安は大きく増していくばかりです。住民の健康、生命、安全を守るために、国を待っているのでなく、むしろ自ら道を拓いていくことこそが、自治体の役割なのだと考えています。

新型コロナという脅威に対して、国の指示待ちではなく自治体の独自政策で新しい挑戦に踏み出そうとする時、事業内容と財源について住民や議会の理解を得ることも重要です。結果として区で判断した検査手法や対策について、政府や厚生労働省もスピーディーに受けとめてくれ、素早く予算枠も拡げてくれました。区の独自財源を大きく持ちだすことは不要となりました。２０２０年４月、厚生労働省が呼びかけてくれた新型コロナ感染の多い自治体の区長と現場の状況を共有するための会議を持っていたことも役にたちました。

また、大規模なコロナワクチン接種が始まった当初は、当時の首相官邸とも連絡を取り、自治体の現場の声を国の計画方針に取り入れるよう提案することもしました。パンデミックの対応に与党も野党もありません。生命の危機に立場を超えて力を合わせた経験になりました。

こう見る保坂区政

最前線で探った最適解

中島岳志

日本政府は、新型コロナウイルスの感染拡大が始まった当初から、感染者の集団を作らないという「クラスター防止」をコロナ対策の中心に据えてきました。たしかにそれは最初の段階では一定の効果を発揮したと思いますが、感染ルートを追えない患者が増えてきた時点で限界が見えてきた。本来なら、そこでPCR検査を拡充して早期の治療につなげるとともに、高齢者や疾患のある人の間での感染拡大を防ぐ方針に切り替えるべきだったと思うのですが、政府もその諮問機関である専門家会議も、なかなかそうしようとはしませんでした。「発熱しても4日間は自宅待機を」などの言説が撤回されずに残り、病院にもかかれないまま亡くなった人が少なくなかったことを記憶されている方も多いでしょう。

その中で、世田谷区はじめ住民の「検査を受けさせてほしい」という声を受けた地方自治体の一部が独自で政策を転換し、検査を拡大したことは、大きな意味があったと思います。

また、もう1つ世田谷区のコロナ対策において印象に残っているのは、感染拡大の初期、まだワクチンもなく、ウイルスや病気についてもよく分からないことが多かった時期に、保坂さんが区のホームページに出された「区長メッセージ」です。感染防止対策を進めるとともに、子どもの「成長・発達・学習」を保障すること、高齢者の「健康維持」「孤立防止」をはかることを両立させていくことが区長の責務だと述べる文章でした。

読んで、決して「強い決断」という論調ではなく、むしろ非常に慎重な言葉が並んでいるという印象を受けました。特に感染拡大の初期は、書かれているとおり感染防止と、特に子どもや高齢者の暮らしを守ることをどう両立させるかが、非常に難しい課題だったと思います。日常と非日常との間にある無数の選択肢の中から、どこを選べば全体のバランスが取れるのか。「これが正しい」と単純に線引きできない中、最適解を必死に模索されていると感じました。

また、すでに触れた下北沢での再開発や「車座集会」などを通じて、行政と区民の間に少なからず信頼関係が築かれていたことは、コロナ対応においても強みになったのではないでしょうか。危機の中でこそ日常の中のつながりが大きな意味を持つということも、コロナ禍で感じさせられたことでした。

未知のウイルスが広がる中、国民が何を求め、どのような課題が浮上しているのかを国政がリアルタイムで把握しきれないでいたときに、世田谷区だけでなく自治体の首長たちは住民の命を守る最前線で、日々変わる状況に対応しながら、必死に試行錯誤を繰り返していました。その経験は、今後に必ず生かしていかなくてはならないと思います。

第6章

性的マイノリティ政策

同性パートナーシップ制度導入に向けて

今回のテーマは「同性パートナーシップ制度」です。

世田谷区では2015年11月5日、渋谷区と同日に日本初の「同性パートナーシップ制度」を導入しました。

区での正確な名称は「パートナーシップ宣誓」制度。導入を決めたきっかけは前の年の春、同性カップル7組の方が、世田谷区役所を訪れ「証明書の発行をしてほしい」と言ってこられたことでした。来訪された皆さんは、ずっと世田谷区にお住まいで、住民税もきちんと払っていると、納税書類をかざしながらおっしゃいました。それなのに男女の夫婦でないからということで、一緒に家を借りるのも難しいし、パートナーが病気で手術した後、病室で付き添うことを認められなかったりと、市民としての権利が守られていない。この状況をなんとかするために、区長として「この2人は夫婦同様のパートナーだ」ということを証明する書類を出してもらえないか――。それが、お話の内容だったのです。

もちろん力になりたいと思いましたが、憲法や民法に照らすと、人の関係性そのものを同性同士の婚姻として証明する書類を出す権限は自治体にはありません。区のベテラン職員からは、「そのカップルが後で別れたり、一方が亡くなったりして遺産をめぐってもめるようなことがあれば、『区がこんな証明書を出したからトラブルのもとになったんだ』といって、訴訟を起こされる可能性がある」と、法的なリスクも指摘されました。

そうしたリスクを乗り越えて証明書が出せるいい方法はないか、アイデアを出し合いました。そんな日々で、ふと歩きながら思いついたやり方が、カップルの2人自身に「私たちはパートナーです」という宣言をして、その気持ちを込めた「宣誓書」を区に提出してもらうという形でした。区は、カップルの関係性自体を証明するのではなく、あくまでその「宣誓書を受け取りました」という受領証を発行するという立場です。これなら、区長の裁量行為として可能ではないか、ということになりました。

もちろん受領証には法的拘束力は何もなく、言ってみれば「お礼状」レベルのものに過ぎません。それでも、「区が出した」ということで、何らかの効果をもたらすことはできるかもしれない。そう考えて、実現へと動き始めました。

準備を進めるうちに、その段階ですでに渋谷区ではパートナーシップ制度導入のための審議会を設け、条例づくりに動いていることが分かりました。世田谷区で同じように条例を作ろうとすると、その手続きと準備に1年半くらいはかかります。それでは遅すぎると判断して、世田谷区では条例の下にある要綱、いわば区長の事務的手続きという位置付けで制度を導入することにしました。

ただ、いずれにしても日本初の制度ですから、別々に発表するよりは同じ日に発表したほうが絶対に話題になって、多くの人に知ってもらえると考えました。そこで、渋谷区との間で調整を重ね、両方の区で準備が整ったタイミングを待って導入することにしたのです。

反響と広がり——制度がもたらした変化

予想していたとおり、日本初の地方自治体による同性パートナーシップ制度、しかも東京の２つの区が２０１５年11月5日という同日に導入というニュースは大きな反響を呼び、メディアで大きく取り上げられました。

数週間のうちに、いくつかの携帯電話会社が「パートナーシップ受領書を出してくれれば家族割を適用します」と発表しました。さらに、大手旅行会社にも流行商品に「家族割引を適用します」というところが出てくるなど、早くも効果が表れてきたのです。

また、最初に要望に来てくれた同性カップルの方たちが口にしていた「家を借りられない」という問題についても、不動産関係の業界団体を私と副区長で分担して訪問し、「これからこういう受領証を出すので、それを持ってきた同性カップルには夫婦同様の扱いをしてほしい」と説明しました。もちろん従わなかったからといって罰則があるわけではないけれど、差別のない社会にするために協力してください、とお願いしたところ、徐々に受け入れてくれる企業が増えてきたのです。

さらに、しばらくすると、「こういう制度ならうちも乗れる」というので、同様にパートナーシップ制度を導入する自治体が出てきました。最初はぽつぽつ、という感じでしたが、２０２０年ごろからは一気に増え、「導入したいから話を聞かせてくれ」という問い合わせが殺到。今はそれも落ち着きましたが、すでに全国３９１の自治体で導入が実現しています（２０２４年2月現在）。これは人口カバー率でいうと約8割という数字。つまり、日本の人口の8割の人が、この制度を使えるところに住んでいるということになります。検討中という自治体も加えれば、もっと高い数字になるでしょう。

また、市町村だけではなく都道府県単位で導入しているところも増えており、東京都も２０２２年にパートナーシップ宣誓制度を導入。まだ制度がない都内の自治体に住んでいる人も、制度を利用できるようになりました。また、都内の自治体で受領証を取った人が、東京都でもう一度取ることももちろんできますし、その逆も可能ということになっています。

世田谷区の制度も、徐々にバージョンアップを重ねています。２０２２年11月の制度拡充では、同性パートナー同士だけではなく、カップルのお1人どちらかが性的マイノリティであれば制度を利用できるよう対象を広げました。また、お2人の子どもや親とともに宣誓できる「ファミリーシップ宣誓」も新設。希望する方には通称名での受領証発行も対応することとしました。

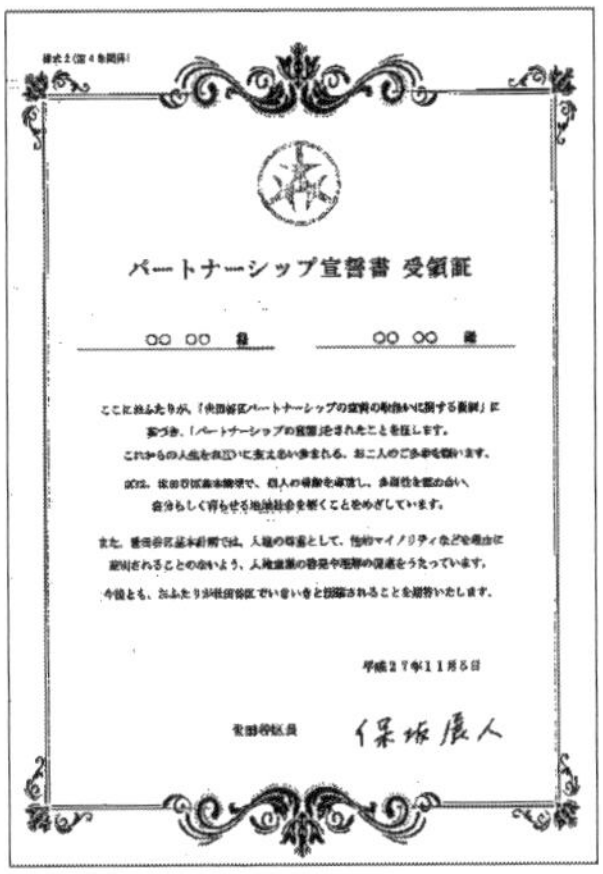
パートナーシップ宣誓書 受領証

○○ ○○ 様　　○○ ○○ 様

平成27年11月5日

世田谷区長　保坂展人

パートナーシップ宣誓制度で交付する受領証

また、これはパートナーシップ制度とは別の枠組みですが、２０１７年に区営住宅の入居条件を定めた条例を改正しました。それまで同居家族は「（法的な）親族のみ」となっていたのを改め、同性カップルも一緒に入居できるようにしたのです。区議会では、パートナーシップ制度導入の際もそれほど強い反対意見はなかったのですが、このときも全会一致での可決でした。

もちろん、そうして同性カップルも区営住宅に入居できるようになったからといって、急に同性カップルからの申し込みが増えた――というわけではありません。入居のためには、どうしても周囲に「自分たちは同性カップルである」と明かす必要が出てくる。それはできないという人は、まだまだ大勢いるでしょう。

社会が変わるには、長い時間がかかります。それでも、少なくともこの問題については、いい方向に向かう変化が起こり始めていると思うのです。

進まない国レベルの変化

とはいえ、相続などの問題を考えれば、やはり民法を改正する必要もあり、自治体だけでは超えられない壁があります。

最初に渋谷区と一緒にパートナーシップ制度を作ったときには、これをきっかけに、３～5年くらいすれば立法府である国会も動くのではないかと考えていました。しかし、実際には8年経っても動かず、同性婚は認められないまま。2023年になってようやく動いたかと思えば、「LGBT理解増進法」などという法律となってしまい、迷走としか思えない方向でした。日本の政治のレベルがいかに低いかということを示して余りある事実だと思います。

この「LGBT理解増進法」は、その制定プロセスも内容も、きわめて問題の多い法律です。当初は「差別禁止法」と言っていたはずが、それでは多数派が何も言えなくなる、「不当な差別はあってはならない」にすべきだ、といったおかしな議論の末、日本維新の会と国民民主党が与党と合意した修正案は、マイノリティへの差別を禁止するというよりも、多数派への「配慮」を求める内容になってしまいました。

その背景にあったのは、LGBTQの人たちの権利を認めることで「日本の伝統的家族が破壊される」などと主張する宗教右派の存在だったと思います。当たり前の権利を認めるという話が、偏狭なナショナリズムのような議論に収斂《しゅうれん》されていってしまったのは、たいへん残念でした。日本会議や旧統一教会といった団体の関与を指摘する声もあり、パートナーシップ制度導入の際にも、旧統一教会系の団体が反対運動を展開していたことが分かっています。

こうした、「日本の伝統」を振りかざして家父長制的な考え方を取り戻そうとするような人たちの力が、日本の国会においては無視できないほど強いのが現状です。学習指導要領に「妊娠の経過は取り扱わない」という、いわゆる「はどめ規定」があって、十分な性教育が学校現場でなされずにきたこと、2000年代初頭にジェンダー平等や性教育への苛烈なバックラッシュ（反動）が起こったこと、そして選択的夫婦別姓を求める多くの声にもかかわらず民法改正が進まずにきたことなども、そうした政治構造の結果なのではないでしょうか。

だからこそ、パートナーシップ制度のように地方自治体から風穴を開け、それをさらに生かしていけるように政治を組み替えていかなくてはならないと考えます。先に述べたように、すでにパートナーシップ制度は全国各地に広がり、中には選択的夫婦別姓制度の欠落をカバーするために、事実婚の異性カップルにも制度を適用するなど、新たな展開に進み始めている自治体もある。目指すべき地点にはまだまだ遠いけれど、自治体から、地方から政治を変えるという点では、着実に進化してきていると感じます。

こう見る保坂区政

自治体が先進する理解と支援

中島岳志

同性パートナーシップ制度がここまで広がってきたという事実は、国がなかなか動かないときに自治体にやれることがあるということを、顕著に示していると思います。

私は同性同士の婚姻については法的にも正式に認めるべきだと思っていますし、それを確かなものにするために、憲法24条1項の「婚姻は、両性の合意のみに基いて成立し」という文言の「両性」を「両者」に変更すべきだと考えています。そうすることで、同性婚を「違憲」とみなす人たちからの攻撃を阻止し、婚姻の権利を明確化すべきと思いますが、憲法改正や国の法整備にはどうしても時間がかかります。

しかし、パートナーとの家族関係が認められなくて困っている、苦しんでいる人はいま現在、実際にいるわけです。そのときに、自治体には婚姻制度そのものを直接変える力はなくても、住民の権利を守るためにやれることがある。そしてそれを、同性カップルでも部屋を借りられるとか、家族割引を使えるとか、少しずついろんな場面に波及させていくこともできる。そのことが、この問題からははっきりと見えてくるように思います。

一方で懸念されるのは、バックラッシュの問題です。政権の支持率が著しく下がっている今、自民党は政権を維持するために死に物狂いになっているでしょう。そのときに出てくるのは「固定票を取り戻さなくてはならない」という声。そして、その「固定票」として想定されていると思われるのが、かつて安倍元首相などを強く支持していた右派票なのです。

つまり、LGBTQの人たちの権利について注目が集まり、政府が「LGBT理解増進法」――これも、内容的には非常に問題の多い法律ですが――の制定に踏み切ったりしたことで、右派票が離れていってしまった。それで支持率が下がっているんだ、と考えるわけです。

さらに、2023年に「日本保守党」を立ち上げた作家の百田尚樹さんは、結党の動機の1つを「LGBT法制定への怒り」だと明言しています。そこに一定の支持が集まっている。もちろん、今の選挙制度のもとでは国政で多くの議席を取るのは難しいのですが、政治運動としてはそれなりの力を持っています。そこに票を奪われるのを恐れた自民党が、政権維持のためにバックラッシュに走り、同性パートナーシップ制度なども問題視し始めるという可能性は、十分にあるのではないかと考えています。

それを防ぐためには、やはり教育が重要です。作家の森達也さんが以前、「お化け屋敷で一番怖いのは通路だ」と言っていました。つまり、「何が出てくるのか」が分からないときが一番怖いのであって、お化けが実際に出てきてしまえばそんなに怖くない。相手を怖いと思うのは相手のことを知らないからだ、ということです。

LGBTQという存在については、この10年で急速に認識が広がったものの、まだまだ過渡期であって「知らない」人が多いでしょう。右派はそこを巧みに利用して、「LGBTQの権利を拡大したら怖いことが起こる」と煽ってくるわけです。それに抗うために、しっかりと「知らせて」いく必要がある。その点において も、自治体が担える役割はあるのではないかと思います。

第７章

グリーンインフラ

グリーンインフラで豪雨被害を防ぐ

今や「待ったなし」の地球規模の課題になっている環境問題。このテーマについても、世田谷区独自の取り組みを進めてきました。

私が区長に就任したのは、東日本大震災と東京電力福島第一原発事故のすぐ後。選挙戦では「脱原発」を訴えの1つに掲げ、当選直後から自然エネルギーの利用拡大を進めてきたこと、さらに地方の自治体との「電力連携」に取り組んできたことは、第1章でも紹介しました。

そしてもう1つ、近年力を入れてきた取り組みが「グリーンインフラ」です。これは、緑・水・土・生物などの自然環境が持つ多様な機能や仕組みを活用することで、コンクリートなどの土木技術で抑え込むのではなく、大地の力を生かしていこうという考え方です。防災・減災に工夫をこらし、また私たちの豊かな暮らしにつなげていくようなインフラ整備のことを指します。分かりやすい例を挙げれば、防災林によって津波の威力を削ぐ、遊水地を設けることで水の力を「いなす」などの日本古来の発想だったり、木の根の力によって土砂崩れを防止する、都市空間に緑を増やすなどの取り組みが挙げられるでしょうか。

中でも、世田谷区で特に力を入れてきたのは「雨」への対策です。近年、世界各地で豪雨による浸水被害が頻発《ひんぱつ》しています。もちろん気候変動の影響もあるのでしょうが、都市化の進行によって多くの地表がコンクリートやアスファルトで覆われ、地中に浸み込む雨水の量が減ってしまったことが、被害が大きくなる原因の1つだといわれています。行き場をなくした雨水が路面から側溝、そして下水へと流れ込み、そこから河川に一気に流れ込んで溢れたり、下水が大量の水を受け止めきれなくなってマンホールから水が路上に噴き出したりするのです。

世田谷区でも、２０１９年10月の台風19号のときには、区内を流れる多摩川の無堤防の部分から溢水《いっすい》し、また多摩川に注ぐ支流の氾濫や住宅地での内水氾濫により、床上床下浸水が５００軒以上という大きな被害が出てしまいました。

こうした被害を防ぐためには、もちろん下水道を太くして多くの雨水を流せるようにすることも重要ですし、そのための工事も進めてはいますが、すぐには間に合わずいまだ処理能力に足りません。大雨で増水していることに加え、上流ダムの放水などで多摩川の水位が高くなってしまい、雨水が下水から支流などへ流れ込んでも流入を受けつけない多摩川への「バックウォーター現象」が起きてしまうと、単に下水道を太くしただけでは機能しないのです。また、下水道や地下貯水池のようなハードインフラを整備するには、時間も費用もかかります。

ハードを整えるだけでなく、大地の保水力そのものを取り戻し、雨水が河川や下水に一気に流れ込むことがないようにする。そのための取り組みが、まず必要なのだと考えています。

建物全体が「グリーンインフラ」——「うめとぴあ」の試み

世田谷区では以前から、雨水を一時的に溜めておく雨水タンクや雨水浸透ますを拡げようとしてきました。そうして作ったのが、一般家庭にも広く設置してもらうための助成金制度（１９８８年 雨水浸透施設設置助成・２００７年 雨水タンク設置助成）です。小さなタンクやますでも、数が増えれば相当な保水力を持つことになります。

また、区内のあちこちで道路や公園の舗装を「透水性舗装」に換えてきました。通常の舗装と異なり、降った雨水を中に浸透させて地中に還元する機能を持った舗装です。

そして、こうした試みを結集させたのが、台風被害の翌年、２０２０年にオープンした世田谷区立保健医療福祉総合プラザ、通称「うめとぴあ」です。保健センターや認知症在宅生活

「うめとぴあ」は、水をたくわえグリーンインフラを体現した施設

サポートセンター、福祉人材育成・研修センター、初期緊急診療所など、医療・福祉関係の窓口を集めた建物ですが、設計段階でさまざまな工夫を凝らしました。

各階のテラスには豊かな植栽が備えられており、雨水はいったんそこに蓄えられてからゆっくりと流れ落ちていく仕組みになっています。建物全体が段丘《だんきゅう》のような構造になっているので、大雨が降っても大量の雨水が一気に下に落ちるようなことはありません。また、上階から下階へと植栽をつなぐ樋《とい》には、金網状の雨樋に保水性の高い軽石を並べた「じゃかご樋」を使っており、建物上部から水を吸いながら排水に向かう仕組みで、下水に流れる水量が抑制されることになります。

建物の北側には、湧き水や大雨が降ったときの雨水を溜めておくことができる「レインガーデン」（雨庭）があります。水辺にはトンボやチョウなどの生き物もたくさんいて、生態系の保持にも役立っているようです。地下にも、最大556リットルの雨水を貯留できる「地下ピット」を設けました。

こうしたグリーンインフラの仕組みを通じて、豪雨のときにも雨水が下水や暗《あん》渠《きょ》に一気に流れ込まないように抑制します。その他にも、太陽光パネル発電や地中熱を利用した空調も用いるなど、自然エネルギーを多面的に利用できる造りになっており、まさに建物全体が「グリーンインフラビル」そのもの。機能やデザイン性の高さが評価され、２０２２年には日本デザイン振興会のグッドデザイン賞も受賞しました。

この他、上用賀公園などいくつかの公園、また下北沢駅前の広場にも、周囲に降った雨水を集めて地下に貯留・浸透させるためのくぼ地状の植栽地「レインガーデン」を設置しています。

こうした取り組みは、コロナ禍で大きな打撃を受けた建設・土木業の再生にも寄与することになります。日本ではまだ「緑の公共投資」という視点は薄いのが現状ですが、たとえばアメリカではかつてのオバマ政権、またバイデン政権が「グリーン・ニューディール」政策を掲げ、巨額の投資を行いました。従来のように、壊しては作るを繰り返す「スクラップ＆ビルド」ではなく、すでにあるものを生かし、自然の力を借りながら人々の健康や安全を守っていく。それがこれからの、建設・土木業の役割になっていくのではないかと考えています。

「自然をコントロールできる」という思い上がりを捨てて

私が尊敬する造園家で、区の都市行政にも助言をいただいている涌井史郎さんは、かつての日本には強大な自然と真っ向から対決するのではなく「いなす」「沿う」という考え方があった、とおっしゃっています。つまり、圧倒的な自然の力に真正面からぶつかるのではなく、むしろその力を生かし、うまく逃がすことで共存する。急速な都市化の中で、私たちはそうした知恵、発想を忘れ、自然を人間の手で思い通りにコントロールできると思い上がってしまったのではないでしょうか。

東日本大震災と東京電力福島第一原発事故は、私たちがその「思い上がり」に気づくきっかけになったはずでした。しかし、民主党政権が掲げていた「コンクリートから人へ」という政策が八ッ場《やんば》ダム問題での迷走に見られるように、中途半端に終わってしまったこともあり、結局は国土強靭化のスローガンのもとに、これまでと同じ「コンクリート」重視の復興政策が進められてしまいました。結果、東日本大震災の被災地の多くの海岸には高い防潮堤が作られ、高台移転地は長期間かけて大規模に造成され、立派な土地、道路は整備されたけれど、避難した住民が戻ってこず、住む人の数が予想をはるかに下回るというようなことも起こっています。私たちの社会が抱える旧来型の産業構造が、復興の中に増殖してしまったともいえるかもしれません。

そしてここ数年、私たちは季節を問わない豪雨や突風災害、そして地震災害などに直面するとともに、新型コロナという未知のウイルスにも苦しめられてきました。こうした感染症拡大の背景にも、地球環境の破壊があると指摘されています。ワクチンや薬による防御だけでは足りない、私たちの暮らし自体を見直す必要があるのだと、地球がもう一度私たちに「気づき」を求めているようにも思えるのです。

大きな災害に直面したとき、われわれは「なんて自分たちは弱い存在なんだろう」と絶望し、無力感を抱いてしまいがちです。しかし、そうしたときこそ知恵を出し、自分たちが当たり前だと思ってきた常識を捨て、世界観を見直して、新たな社会のあり方を模索するべきなのではないでしょうか。古来から庶民が守りつないできた知恵を生かし、「グリーンインフラ」などの取り組みを通して大地の力を取り戻していく。それが今、何よりも求められているのだと思います。

こう見る保坂区政

一歩ずつ進める自然との共存

中島岳志

コロナ禍の根源には、人間が環境を破壊し続けてきたことで、野生動物がすみかを追われ、人間と野生動物との距離が縮まったことがあるといわれています。野生動物が持っていたウイルスが行き場をなくし、人間を新しい「乗り物」に選んだというわけです。

つまり、コロナ禍が落ち着けば元の生活に戻れるというのではなく、私たちのその「元の生活」にこそ問題があったということを認識し、その根本を変えていく必要がある。そうでなければ、コロナ禍が収まってもまた別の未知のウイルスが出てくるだけでしょう。そして、その「変えていく」鍵の1つになるのが「グリーンインフラ」をはじめとする環境政策だと思います。

私は、日本の都市政策の分かれ目は、50年ほど前にあったと考えています。そのころ力を持っていた自民党政治家に、田中角栄と大平正芳がいました。「列島改造論」を掲げ、さらに高度経済成長を続けて、そこで得た富を地方に分散していこうとした田中に対し、大平は「田園都市構想」を掲げた。精神的な豊かさを重視し、地方に重要な拠点を置いて、土地と農村が有機的なつながりを持つべきと唱えたのです。未来を先取りした、非常に優れた構想だったと思いますが、大平の首相在任中の急逝などにより、その後の日本は田中の路線を突き進んでいくことになりました。

それによる行き詰まりが今、やってきているのではないでしょうか。豪雨のたびに川が氾濫するのは、本来「建ててはいけない」とされていたところにまで家を建て、都市化を進めてしまったからでもあるはずです。新潟大学名誉教授で河川工学者の大熊孝さんは、川というものは10年に1度はあふれる、けれどもそれによって上流の肥沃な土が下流へと流れてくるという恵みももたらしてくれる。かつての日本人は、そこをトータルで考える視点を持っていた、とおっしゃっていました。そうした庶民の叡智に学びながら、社会のあり方全体をデザインし直していく必要があるのではないかと考えています。

世田谷区ではグリーンインフラの推

進や再生可能エネルギーの利用拡大など、さまざまな試みが行われてきました。1つひとつは小さなことだったかもしれませんが、それがさらに大きなところへと波及もしていっている。たとえば再生可能エネルギー利用についてのシステム整備が、国レベルでも以前よりもはるかに進んでいるのはその証左でしょう。

小さな芽から始まったものの中に普遍性が宿り、大きなモデルを作っていく。それが保坂さんのやってきたことだったのではないでしょうか。地球環境というのはあまりに大きな問題なので、とても歯が立たないとあきらめてしまいがちですが、まずは小さな一歩を積み重ねていくことが重要なのだと思います。

第8章

LIN-Net

（ローカル・イニシアティブ・ネットワーク）

地域から「オルタナティブ」を生み出す

ここまで、約92万人が暮らす世田谷で展開してきた、さまざまな新しい試みについてお伝えしてきました。

これらは、世田谷区でしかできないという特別なことではありません。土地柄や地域特性の違いはあるにせよ、同じ国の中、法制度のもとで暮らしているわけですから、自治体の枠組みを超え、全国に広げていくことができる政策もたくさんあるのです。第6章でテーマとした「同性パートナーシップ制度」などがよい例でしょう。また、気候危機による自然災害の激甚化に伴う水害リスクの上昇に向き合う治水の問題などは、1つの自治体だけで解決することはむしろ難しく、河川流域の他の自治体との連携が必要になる課題もたくさんあります。

そこで、自治体同士が政策を共有し、ときには連携して課題解決に取り組めるような動きを加速していくために、２０２２年12月、政治学者の中島岳志さん、杉並区初の女性区長となった岸本聡子さんや多摩市長の阿部裕行さんらとともに、全国の首長や地方議員をつなぐネットワーク「ＬＩＮ-Ｎｅｔ（ローカル・イニシアティブ・ネットワーク、通称リンネット）」を立ち上げました。

直接的なきっかけの１つはこの年、地方首長選挙において、「それまでとは明らかに違う」結果が続いたことです。まったく無名だった新人候補が現職候補を破り、初の女性区長となった杉並区長選、混戦の末の再選挙で元都議の新人女性候補が自民党推薦の候補を破って当選した品川区長選、国政与党系候補が立候補さえできなかった小金井市長選など、いずれの選挙も少し前までは強固で盤石に思えた困難な壁が次々と崩れました。

翻って国政を見れば、政権の支持率はじりじりと下がり続けているけれど、だからといって主な野党の支持率が上がっているわけでもありません。今の政府を支持はできないけれど、野党にも期待できないと考え、そのどちらでもないオルタナティブな政治を求める人たちが現れているのではないかと捉えました。この予感は翌2023年春の統一地方選挙で、女性議員が大幅に増加したり、ジェンダーや気候変動などを主な政策として訴えた新人議員が次々と当選したりしたことで、さらに強まることになります。

こうした変化を受け止め、「オルタナティブ」を求める人たちの受け皿を、野党再編のような「永田町」的な動きからではなく、むしろローカルな場面から生み出していけないか。これまでの「首長」「議員」像にあてはまらない、新しい感覚を持った首長や議員たちが中心になって、さまざまな実践を重ねながらやがては国政につながる変化を作り出していけないか。そうした思いから、LIN-Netは始まりました。

ヨーロッパなどでは、すでにそのような動きが見えてきています。たとえばスペインでは近年、社会労働党などの伝統的な左派政党が力を失っている一方、政治をもっと身近なものととらえる新しい感覚を持った若い世代のグループが活動を活発化させ、水道の再公営化などを実現させました。運動の中心地だったバルセロナでは、「バルセロナ・コモンズ」のアダ・クラウさんが2015年に市長となり、改革を進めました（２０２３年まで2期8年間）。新しい若い世代が既成の社会運動の枠を超える動きだと注目しています。日本でも同じように、地方からうねりを生み出し、社会全体を変えていくことができるのではないかと考えています。

ＬＩＮ‐Ｎｅｔが掲げる「５つのテーマ」

ＬＩＮ‐Ｎｅｔが目指していることは、大きく分けて5つあります。

まず、「地域主権と民主主義」の実現。地域主権は、杉並区長の岸本聡子さんが以前、ヨーロッパのＮＧＯで働いていたときに日本に紹介して話題になった「ミュニシパリズム（地域主権主義）」と言い換えてもいいかもしれません。

市民が地方行政に積極的に参画し、熟議を通じて合意を形成する。そして、地域のことは地域で決めながら、よりよい地域社会を目指していくという「市民自治」のあり方を確立していこうという流れです。私たちは経済格差を拡大していく新自由主義の競争社会ではなく、相互扶助、社会的協働を重視し、実現する地域社会を作っていきたいと考えています。

次に、気候危機への取り組みです。自治体と市民が気候危機をストップさせるための方策について議論する「気候市民会議」は、すでにいくつもの自治体で開かれてきました。産業優先と経済成長を追い求めることで、すでに影響は人類の生存を脅かすところまできています。

1章で触れた、世田谷で進めてきた自然エネルギーの自治体間連携も、全国に広げていきたいと考えています。グリーンインフラを進めて、緑と土と大地と共生する土木技術に移行することも大事です。そして、二酸化炭素排出量削減を進めるため、ライフスタイルそのものの転換を推進し、地域循環型経済を実現していきます。

3つ目に、「ケアを社会の真ん中に位置づける」ことを目指します。コロナ禍においては「エッセンシャルワーカー」という言葉が注目を集めました。医療や介護、保育をはじめ「ケア」を担う仕事が、社会の継続のために不可欠であることを、多くの人が改めて認識したのではないでしょうか。しかし今の社会は、そうした仕事に就く人たちの労働環境がしっかりと守られているとはいえません。社会的格差を転換し、「ケア」の仕事を担う人たちを雇用や環境や賃金の面でしっかりと支える社会を作っていきます。

そして４つ目は、人権を尊重し、多様性を認める社会を実現すること。ジェンダー差別やＬＧＢＴＱ差別、また外国人差別など、マイノリティに対する差別は日本社会において、今もまだはっきりと存在しています。政治の場においても、政治家が公然と差別発言をしたり、偏見に基づく誤った発信をしていたり、堂々と外国人排斥を主張する政党が出てきたりしている。そうした動きに対抗し、ヘイトを許さない多文化包摂型の地域社会を作っていくために、障害者権利条約、子どもの権利条約など、日本も参加している国連の人権条約の内容を地域に広げ、根付かせていきたいと考えています。

最後に、「市民が参画し、協働するまちづくり」です。これまで日本の多くの街では、大型開発や都市再開発でデベロッパーやコンサルタントが作成したプランを、硬直した行政が変更不可で一方的に説明するだけの権威主義的な都市計画が進められてきました。第3章でもお話ししたように、情報開示やパブリックコメントが完全に形骸化し、「こう決まりました」と高札が出されて住民はそれを諦めとともに眺める、という図式になってしまっている。こうしたまちづくりのあり方を転換し、議論のスタートの地点から住民が参画していけるように改革することは、まさに地域そのものを変えることになると思います。

5つの政策についての問題意識を共有することで、「LIN-Net」は動き出しました。もちろん、これだけ複雑化した社会の中で、何から何まで考え方が一致することはあり得ません。この5つのテーマ、言い換えれば生活者目線の政治、すべての命を守る政治を推進していくという点をしっかりと守りつつ、意見や価値観の違いにはお互いにできるだけ寛容でありながら、ネットワークを構築していきたいと考えています。

政治をリノベーションする

同時に、具体的な政策にとどまらず、それを実行していくための政治手法も、ＬＩＮ-Ｎｅｔの中で共有していきたいと考えています。住民が行政に望むことに耳を傾け、トップダウンではなくボトムアップで、さまざまな人の意見を取り入れながら政策を形成していく。そうした「熟議デモクラシー」を、このネットワークを通じて広げていきたいのです。

それは、「選挙に勝てば全権委任された」とでもいうように、トップダウンで権限を振りかざし、問答無用で異論を封じるような独裁型の政治リーダーのスタイルを否定するものです。表向きには「聞く力」を掲げた岸田文雄首相も、実際には国会での議論もなく、閣議決定で原発や安全保障などの重要政策の大転換を決めています。このトップダウンの暴走を乗り越えるために何が必要でしょうか。政権交代を掲げる野党の中にも、上意下達式のヒエラルキーから抜けられない壁があります。政治手法として「民主主義の形と中身」を構築して、ボトムアップの政治参加への道を開く「質の改革」が必須です。

政治改革というと、政界再編だ、すべてをひっくり返して「ガラガラポン」だといった話ばかりが出てきますが、私自身は今の政治に必要なのは、むしろ一種の「リノベーション」であり、問われているのは「レジリエンス（復元力）」だと考えています。今ある社会資源の中には、当たり前ですが守り引き継ぐべきものがたくさんあります。たとえば雇用保険制度も医療保険制度も、制度自体が悪いわけではありません。問題は、これまでの政権下でその運用がガタガタになり、十分な保障を受けられない人が出てきていることです。持続可能な医療や福祉をはじめ生活の現場で非常に関心の高い分野に、チューニングが合っていないのが今の永田町の政治だと、多くの人が生活実感から感じているのではないでしょうか。

これまでの野党共闘は、与党に対する「アンチ」でまとまろうとしてきたように感じます。もちろん、よくない政策を止めるために「アンチ」も必要な反応なのですが、ダイナミックに世の中を変えていくためにはそれだけでは足りません。ＬＩＮ-Ｎｅｔは、多くの人が抱えている、言語化できない「もやもや」の部分をよりよくリノベーションして、「これでどうでしょう」と未来像を描いて語りかけられる場、樹木を育てるように、残すべきよい部分を守り、悪い部分を切りながら世の中を前進させていくための方策を考えられる場でありたいのです。そのために、イデオロギーではなく社会ビジョンの提示によって、幅広く結集することが必要だと思っています。

これまで設立以来、５回のトークイベントを実施し、２０２３年12月には発足１周年を記念して、首長も議員も一般の市民も平場で語り合える「大交流会」を開催しました。テーマごとに10グループに分かれ、途中で場所を入れ替わるワールドカフェ方式で議論を行ったところ、どのテーブルも圧倒されそうになるような熱気でした。参加者には20代、30代の若い世代も多く、「生徒会でＳＤＧｓについて話し合っているところです」という中学生まで来てくれていて、大きな希望を感じました。この希望を、次につなげていきたい。そのために、よりいっそう多くの方の力を得て、ネットワークを広げていければと考えています。

これまでの経験から言えるのは、自治体が国に先んじて社会を変える実例を作ることができるということです。当初はバラバラでも、点が線となり、面へと広がることで、やがて変化は広域化します。どうしても法改正が必要な課題についても、永田町政治が背を向けることはできなくなります。たとえば、30年間も凍結してきた「選択的夫婦別姓制度」など、自民党内の反対派も孤立していく時期に入っています。そろそろ、変えるべきタイミングです。「LIN-Net」の役割は、こうした社会政策上の課題を可視化して、自治体レベルの政策に先行して反映するようにしつつ、変化への機運を強くしていくことにあります。

座談会

2023年10月25日開催のイベント
「政治は変わる！　地域からコモンをつくる」より

中島岳志（東京工業大学教授）
×
保坂展人（世田谷区長）
×
能條桃子（「FIFTYS PROJECT」代表）
×
岸本聡子（杉並区長）

地方自治体選挙から見えた、大きな変化

中島　ここ最近、ＬＩＮ‐Ｎｅｔのことが新聞などで大きく取り上げられました。根深い政治不信が広がる中、これは果たして新しい政治潮流となり得るのかということが注目されているのだと思いますが、まずこのネットワークの狙いや意義について、保坂さんからお願いできますか。

保坂　２０２２年ごろから東京の西部を中心に、地方自治体選挙における大きな変化が起こってきました。これまでずっと続いていた、国政与党の支援を受けた候補が安定的に当選するという構図が崩れ、草の根の市民運動や住民運動に支えられた首長が何人も続けて誕生したのです。今日お越しいただいている杉並区長の岸本さんもその１人ですね。

こうした存在がつながっていくことで新しい動きが生み出せるのではないか。そんなアイデアからＬＩＮ‐Ｎｅｔが生まれ、２０２２年12月に約１００人が

参加するキックオフ集会を開きました。今回が5回目の集いということになりますが、回を重ねるごとに参加してくれる方の数が300人、500人、700人と増えています。

これは、おそらく永田町からは見えていない光景です。各地の首長選や地方選におけるメディアの報道も、どの党とどの党が選挙協力しているかとか、日本維新の会や立憲民主党はどうだったかとかいった政局の話にとどまっているのが現状ではないでしょうか。

しかし、国を待っているのではなく自治体から変えていこうとする動きは、確かに生まれつつあると感じます。たとえば、世田谷区では同性パートナーシップ宣誓制度を2015年に渋谷区と同時に始めましたが、今では同様の制度がある自治体に住んでいる人の数は約1億人。日本の人口の約8割をカバーしています。それだけ多くの自治体に広がったということです。

保坂展人

そのように、「こうすれば社会は住みやすくなる」と自治体独自で実現した政策を共有して広げていく場として、このＬＩＮ‐Ｎｅｔをもっと広げていければいいなと思っています。

中島　私は政治学が専門ですが、保坂さんがおっしゃった「変化」は、おそらく世界的な潮流と呼応しているのではないかと考えています。

近年、政治学が注目してきた動きに「ミュニシパリズム（地域主権主義）」と呼ばれるものがあります。この十数年、世界では数多くの市民運動が起こってきました。アラブの春、ウォール街の「99％」デモ、ＭｅＴｏｏ運動……。しかし、そうした運動を見ていて分かったのは、革命などを起こして一気に国の形を変えることが、どれほど難しいかということだったと思います。

そこで、まずは自分たちが暮らしている自治体の議会、そして首長に自分たちの代表を送り込み、そこから着実に地域を変えていこうという運動が、ヨーロッパを中心に起こり始めました。共通しているのは、世界にはびこっていた新自由主義にノーを掲げ、水道や公営住宅などどんどん民営化されてきたものを、もう一度「コモン（共有財産）」として自分たちの手に取り戻そうとしたことです。典型がスペインのバルセロナ。あるいはフランスのグルノーブル、イタリアのナポリ……そのように、次々に自治体発の新しい運動が起こり、国境を越えたうねりを生み出してきました。これが「ミュニシパリズム」です。

では日本はどうか。近年、与党だけではなく野党も含め、既成政党に対する失望感が広く社会を覆っています。そこに日本版のミュニシパリズムは生まれるのか、新しい運動が起こってくるのかということに、私自身もずっと注目していました。

その意味で、大きなポイントになるのではないかと感じたのが2023年4月の統一地方選挙でした。この選挙では、これまで「票にならない」とされていたジェンダーや環境といったテーマが票を動かし、政党などの後ろ盾を持たない若い候補者、女性候補者が数多く当選しました。政治とは距離を置いていると思われていた層が動き、大き

中島岳志さん

な流れを作り出したのです。歴史には、後になってから「ああ、あれが転換点だったんだな」と気づかされるポイントがあるものですが、数十年後、あの選挙こそがそうした転換点として位置づけられるのではないかと、私は思っています。

その、大きな意味を持った4月の地方選挙結果の、立役者の1人といえるのが今日お越しいただいている「ＦＩＦＴＹＳ ＰＲＯＪＥＣＴ（フィフティーズ・プロジェクト）」の能條桃子さんだと思います。ＦＩＦＴＹＳ ＰＲＯＪＥＣＴについて、少しお話しいただけますか。

能條　ＦＩＦＴＹＳ ＰＲＯＪＥＣＴは昨年、２０２２年の夏に立ち上がりました。政治におけるジェンダー不平等の解消を目指して、20～30代の女性及び（性自認が男女に当てはまらない）Ｘジェンダー、ノンバイナリーの方の地方議会選挙への立候補を呼びかけ、支援しようというプロジェクトです。

きっかけは２０２１年の、東京オリンピック・パラリンピック大会組織委員会の会長だった森喜朗さんの女性蔑視発言です。再発防止などを求める署名を立ち上げたところ15万筆が集まり、最終的に森さんは会長を辞任することになりました。「行動すれば変わるんだ」という手応えを得た経験ではありましたが、一方でその年の終わりの「流行語大賞」で、「ジェンダー平等」がトップ10入りしたことで、強い危機感も抱きました。今の時代「ジェンダー平等」なんて当たり前の言葉だと思っていたのに、「流行語」。このままだと、ジェンダー平等は本当に単なる「流行り」で終わって、すぐに忘れられてしまうんじゃないか？　と感じたのです。

そこで改めてジェンダー平等の問題に取り組もうと考え、目を向けたのが地方議会でした。というのは、その時点で、全国の地方議員約3万人の中で、20代女性はわずか15人、30代女性は207人。割合でいえば1％未満だったんです。ちなみに、56％が60代以上の男性議員でした。

能條桃子（のうじょう・ももこ）
1998年生まれ。慶應義塾大学在学中に若者の投票率の高いデンマークに留学したことをきっかけに、日本の30歳以下の政治参加を促す「NO YOUTH NO JAPAN」（現在は一般社団法人）を発足させた。政治分野のジェンダー平等を目指す「FIFTYS PROJECT」代表も務める。

ここからまず変えなきゃいけない。でも、ただ若い女性ならいいのかといえば、もちろんそんなことはありません。女性や若者というマイノリティを代表して声をあげるんだという意志を、しっかりと持った人を応援していかないと意味がないと思いました。

そこで、「選択的夫婦別姓、同性婚に賛成」「包括的性教育、緊急避妊薬のアクセス改善に賛成」「トランスジェンダー差別に反対」「（候補者の一定割合を女性に振り向ける）クオータ制、女性議員を増やすための構造的な改革に賛同」という、4つの政策を定めました。そして、それに賛同してくれる候補者を募り、応援するというムーブメントを開始したのです。

結果、2023年4月の統一地方選挙で、29人がFIFTYS PROJECTの支援を受けて立候補、うち24人が当選しました。想定していたより多くの人が、しかも東京以外でも当選していて、「自分たちの手で代表を増やしていける」という手応えを感じているところです。

公共空間をどう作っていくか

中島　今日のこの集いを「左派の集会」と見る人もいると思うのですが、私は今起こっていることを、「右か左か」という構図に落とし込むべきではないと考えています。むしろ、岸本さんや保坂さんがやろうとしておられるのは、そうした旧来の対立構造を超えたところに、新しい地平を拓くことではないかと思うのです。

冒頭で保坂さんから、今起こっている変化は「国を待っているのではなく自治体から変えていこうとする動き」だというお話がありました。現職の首長であるお2人は、どんな変化を目指していこうと考えているのか、今の地域行政のあり方についてお考えをお聞かせください。

岸本　先日、ある都内の公園の開発計画についての新聞記事を読んだのですが、その中で1人の住民の方がおっしゃっていたことに、とても考えさせられました。

公共空間の開発計画に関して、行政はいつもなかなか情報を出さず、「まだ詳細が決まっていないから計画を発表できない」と言う。ところが、いったん計画を発表した後は今度は「もう決まったことだから計画を変えることができない」。これでは住民はどうしたらいいのか、というお話でした。

これは行政と住民の間ではよくあることだと思うのですが、こうした関係性である以上、対話による合意形成、特に若い世代やマイノリティが加わっての合意を形成していくことが大変難しくなります。議員と一部の住民、たとえば町会長や商店会長のようなある一定の立場にいる人たちだけで、何もかもが決められることになってしまうのではないでしょうか。

そうではなく、「決まっていないから言えない」と「決まったから変えられない」の「間」をどう豊かにしていくか。これが公共空間をどう作っていくかを考える上で、そして地方自治を実現する上で、もっとも重要なのではないかと思っているところです。

保坂　公共空間の開発についていえば、いま世田谷区では、区で購入した国家公務員宿舎の跡地を公園にしようと計画しています。等々力渓谷に隣接した緑の多い場所で、広さは３ヘクタールほど。住民参加でつくりあげたコンセプトは、あえて粗づくりでゆるい「つくりこみすぎない」ものとされていました。このコンセプトを実現するため、ランドスケープデザイナーの忽那《くつな》裕樹さんにプロデューサーとして加わっていただき、住民参加によるシンポジウムなどを何度も重ね、これまでにのべ１万４０００人以上の区民が話し合いに参加してくれました。その結果、見えてきた方向性は意外なことに「特別なものはほとんど何も作らない」ということ。公園は来年には開園予定ですが、できるのはビジターセンターくらいで、大きな建物を作る予定はありません。代わりに、「地域循環のガーデニング」「どんぐりの森づくり」「防災を考える」など、住

岸本聡子（きしもと・さとこ）
1974年東京都生まれ。2003年からオランダに拠点を置く政策シンクタンクＮＧＯに所属（現在は退職）し、各国の公共サービス民営化の実態などを調査。市民団体からの出馬要請を受け立候補した2022年の杉並区長選で、住民と対話しながら公約をバージョンアップするユニークな選挙戦を展開。杉並初の女性区長に就任した。

民が言い出しっぺになった16のプロジェクトが生まれ、動き始めています。

よく、日本の地方自治は上意下達で住民との対話がないといわれますが、自治体の姿勢次第で住民と自治体、そして専門家が協力して、対話を重ねながら公共空間を作っていくことは十分に可能なんです。ここで得られた「こんなことができるんだ」という実感を、広く共有していきたいと考えています。

中島　世田谷区は本当に「公園先進自治体」で、重要な事例がたくさんありますね。ただ、こうした自治体の取り組みというのは、どうしてもこれまで若い世代とは距離があったように思います。若い世代の多くにとっては、区役所や市役所で行われていることは、「自分たちとは遠い存在」という感覚なのではないかと思いますが、能條さん、どうでしょうか。

能條　そうですね。自治体といっても「ごみを回収してくれる」くらいの存在でしかない人が、けっこう多いんじゃないかと思います。

高校生までは公立校に通っていれば教育委員会とも関わりがあるし、中高生対象の行政サービスがあったり、それなりに行政との距離が近いんですよね。

それに、親と一緒に住んでいれば、いろいろな行政サービスについて見聞きする機会もある。でも、高校を出て大学に入ったり就職したりして、さらに実家も出てしまうとそれもなくなり、自分に子どもができるまでは「どこの自治体に住んでいても同じ」というのが実感なんですよね。行政との距離が遠くなってしまうのは仕方がないところがあると思います。

地方議員に若い世代の代表がいないから、地方政治に若い世代の視点が入らない。それと同時に、若い世代の視界に地方政治が入っていないという現状もあるんですよね。だから、ＦＩＦＴＹＳ ＰＲＯＪＥＣＴで私たちがやっているのは、若い女性議員を増やしていくことであると同時に、若い世代自身が「地方議会って意味があるよね」と気づいていく、そして自分たちの代表を送り込んだ後に何を訴えたいのかということを改めて考える作業でもあるのかなと考えています。

「選挙と選挙の間の民主主義」を作る

中島　地方自治において非常に重要なのは、選挙以外の場でも、住民が政治に「参画する」機会があることだと思います。もちろん選挙は大切なのですが、その他の日常の中でも住民が、さまざまな形で自治体の運営に関わっていく、自分と価値観が異なる他者と出会いながら合意を形成していく。そうした「熟議デモクラシー」と選挙とを、車の両輪のように機能させていくことが、地方自治を育てていくためには不可欠なのではないでしょうか。

岸本　選挙と、「選挙と選挙の間の民主主義」ですね。その両輪を動かしながら、住んでいる人たち自身が自治を作り、育て、それを自治体の制度が支えていくという循環を生み出していく。そして持続可能な、競争や対立の先にある成熟社会の1つのあり方を地方自治から実現していきたいという思いは、今日ここにいらっしゃる皆さんに共通するものなのではないかと思います。

私自身も、市民が自治体行政に参画していける多様な仕組みをどう作っていくかというテーマには、NGOで働いていたころからずっとこだわってきました。先ほどお話に出たミュニシパリズムも、「参画」を非常に重視する政治運動です。能條さんのお話にあったように、特に20代、30代の若い世代は、さまざまな生きづらさを抱えている一方で、地方政治とは距離がある。それを変えて、若い世代と政治とをつなげていくためにも、やはり多様なチャンネルがあることが大切だと思います。

市民の側も、このシンポジウムで次々と具体例が紹介されているように、自然エネルギー事業をやるとか子どもの居場所づくりをするとか、自分たちの手でさまざまなチャンネルを作ることができる。もちろん行政の力で作れるチャンネルもあるし、行政の民主性、透明性、説明責任をこれまで以上に高めていくことも重要でしょう。杉並区で始めた、区民の提案・投票によって区の予算の使い道の一部を決定する「参加型予算」などもそのための試みの1つです。

また、無作為抽出で選んだ区民にハガキを送ったりして話し合いの場に来てもらう、いわゆる「くじ引き民主主義」の手法にも大きな可能性を感じています。社会の中の「普通の人たち」の縮図を作るという意味で「ミニ・パブリックス」と呼んだりしますが、特に対立構造になりがちな「開発」などのテーマでは、このミニ・パブリックスを作りながら、熟議を通じて決めていくという経験を積み重ねていきたいと思っています。

保坂　世田谷でも以前、区民の方から「地域に関わる活動がしたいけれど、場がない」という声をよく聞いていました。そこで2012年ごろに、建築家やデザイナー、区の職員も加わって、区内にたくさんある空き家の活用法について考える「空き家空き室利活用検討会」を立ち上げたんです。毎月1回程度、シェアハウスなどに集まり、空き家活用のプランのプレゼンテーションを聞きながら、アイデアを出し合っていきました。この議論から始まったのが、区の「空き家等地域貢献活用事業」だったのです。空き家のオーナーと、そこを使って何かをやりたい人をマッチングするとともに、応募してきたグループに空き家活用のプレゼンテーションをしてもらい、公開審査によって、優れた事業計画には立ち上げ資金として、最大300万円の助成金を出しています。

この事業の中で、実にさまざまな空き家の活用例が出てきました。障害のある子どもの放課後の居場所を作る。家族介護をしている人たちが自分の時間を持ち、つながることのできる場を作る、公民館のないエリアに私設公民館を作る……。「観客からプレイヤーへ」という合言葉で、地域でコモンをはぐくむような社会事業をやりたいという人がどんどん手を挙げてプレゼンをして、動き始めるということが起こっています。

この空き家活用事業もそうですが、これまでになかった制度を作り上げて、動かしていけるのも自治体運営の面白さです。他にも、世田谷区は長野県や青森県弘前市など、いくつかの自治体で作られた自然エネルギーの電力を世田谷区で購入して使うという「電力連携」という取り組みをしているのですが、これも以前には、全国どこにもなかった制度です。こうして新しいことを始めていくのは首長にとってもやりがいがあり、何をやっても変わらないように見えた社会が変わっていくことを面白がる市民、区民がたくさんいると、なお面白いということになるんじゃないでしょうか。

「脱炭素社会」は「ケア中心社会」

中島　では、最後に今後やっていきたいことなどについて、一言ずつお願いします。

能條　ＦＩＦＴＹＳ ＰＲＯＪＥＣＴとしては、これからも私たちが応援できる候補者を増やしていくことを目指して活動していきます。それから、少し前に「ＦＩＦＴＹＳ ＰＲＯＪＥＣＴゼミ」といって、ジェンダー平等を基礎から学ぶための講座を始めたんですね。「選挙でボランティアをやってみたけど、意外と自分がジェンダー平等について知らないことに気づいた」という声が上がったのがきっかけですが、３００人くらいの方が参加してくれています。問題意識を持っている人はそんなふうにたくさんいるわけなので、その人たちと一緒に勉強しながら取り組みを広げていくのが私たちの役割かなと思っています。

それから、FIFTYS PROJECTは「若者」「女性」をテーマにした活動ですが、LIN-Netにはもちろん男性もいるし、幅広い年代の方たち、もちろん議員や首長の方たちもいる。そこで連携できる部分を見つけながら、これからの政治家を育て、選挙だけで終わらせるのではなく政策実行にまでつなげていくということを、一緒にやっていければと思っています。

岸本 LIN-Netの掲げている政策の1つに「ケアを社会の真ん中に位置づける」というものがありますが、実はこれは、もう1つの政策「気候危機への取り組み」とも深く関わっています。「脱炭素社会」というのは非常にラディカルな課題で、今までの、化石燃料に依存した生産消費廃棄というプロセスそのものを根源的に見直さなくてはなりません。そしてそのためには、「ケア中心社会」を実現する必要があると思っています。

ケアワークというのは人と人との関わりであって、他の産業に比べてCO_2（二酸化炭素）を出しません。だから、脱炭素社会を構想しようとすれば、それは必然的にケア中心の社会になる。そのために、ケアする人をきちんとケアする。ケアを担う人たちがきちんと賃金を得て、十分に休めたり、幸せを感じられたりするようにする。そうした、ケアを担う人たちのウェルビーイングを社会の中心的な課題にしていくことが、脱炭素社会実現に向けた1つの構想ではないかと思っています。

保坂 先日、埼玉県議会で、子どもを1人で留守番させること、1人で登校させることなどが「虐待にあたる」とする、通称「留守番禁止条例案」が自民党の県議会議員によって提出され、大きな話題になりました。幸い、批判が集まったことで本議会にかけられる前に取り下げられましたが、「成立しなかったからいい」のではなく、本当は子どもたちの育つ環境を守るためにどんな仕組みが必要なのか、どんなアイデアが求められているのかが、もっと議論されるべきだと思います。

たとえば、2023年に施行された「こども基本法」には、子どもに関わる施策を決めるときには子どもの声を聞かなくてはならない、ということが書かれています。子どもの権利条約にも掲げられているこの考え方を、どう実現していくか。世田谷区では最近、小中学生7人と教育委員らが70分間、公開の場で話をするという試みをやったのですが、こうした取り組みを広げていくというのも1つのアイデアだと思います。

今日も、再生可能エネルギーについて、公契約条例についてなど、さまざまな取り組みに関する報告がありました。公契約条例とは、世田谷区として発注する公共工事については、ダンピング合戦などに陥らず、良質な建築土木などの工事に適正価格を支払うよう制度化したものです。また、区と2000万円以上の委託契約を締結した事業者は、区が定める労働報酬下限額（2024年4月から時給1330円）を下回ることのないようにしています。じわじわと各自治体に広がっている状況です。

「課題解決に向けて、こういうやり方があるよ」という先進的な事例、成功している事例というのは、多くのテーマについてあるんだと思います。このLIN-Netを通じて、そうした先行事例を共有していく場を、もっと広げていきたい。「こういう選択肢があるんだな」ということを、より多くの人に知ってもらいたいと考えています。

※書籍化にあたり、一部加筆しました

公契約条例

おわりに

中島岳志

今の日本の政治がうまくいっていないというのは、誰もが感じていることだと思います。ここ数十年、日本という船は舵取りに失敗し続けて、ずぶずぶと海に沈み続けている。しかし、なぜか国民は誰もその船から違う船に乗り換えようとはせず、沈みつつある船の欄干にしがみついている……。それが今の状況なのではないでしょうか。

では、なぜ誰もそこから逃げだそうとしないのか。それは、今乗っている船よりもいいと思える船がない、「こっちの船に乗り移ればもっといい未来が待っている」というビジョンが見えないからです。だからこそ、政権支持率は下がり続けているのに、野党の支持率がいっこうに上がらないという状況が続いているのでしょう。

では、その「もう1隻の船」はどこからやってくるのか。私はその鍵が、保坂さんのような現場経験を重ねた地方の首長たちにあると考えています。ただ批判だけをするのではなく、「こうすれば社会はもっとよくなる」と、具体性をもって発信できる、そういう存在が「もう1つの選択肢」になり得るのではないでしょうか。

国会議員時代の保坂さんは「質問王」といわれ、与党議員や政府に対しどんどん切り込んでいく、「野党」のイメージそのもののような議員でした。一方で、世田谷区長になってからは「与党」的な、具体的に政策を立てて進めていく力を存分に発揮している。この両方を兼ね備えた政治家は実は非常に珍しいのではないかと思っています。

同時に、首長として実績を上げながらも「野党」性を失っていないのも、保坂さんの強みです。都政に対しても国政に対しても、いい意味で「空気を読む」ことがなく、おかしいと思ったことはおかしいと言い続けている。その一貫した姿勢は、まったくぶれることがありません。

近年、政治学において注目されている言葉に「ラディカル・デモクラシー」があります。ここでの「ラディカル」は「急進的」ではなく「直接的」と訳したほうが分かりやすいでしょう。主権者である国民、市民が政治に「直接的」に関わる民主主義、ということです。

よく「民主主義においては選挙が大事だ」と言われますし、たしかにそのとおりなのですが、選挙というのは地方選挙を入れても、せいぜい年に1～2回です。その年に1～2回、候補者に票を入れに行くだけで「あなたたちが主権者です」と言われても、なかなかその実感はわかないのではないでしょうか。だから「選挙なんて別に行かなくてもいいや」と考え、実際に行かない人が５割以上いるという状況になるわけです。

　そうではなく、選挙以外の日常の中でも人々がさまざまな形で政治にコミットできる回路を作る。これが「ラディカル・デモクラシー」です。保坂さんが実践してこられた車座集会やくじ引きワークショップは、まさにその１つ。それも、自分と意見が異なる他者と時間をかけて合意形成をしていく「熟議デモクラシー」そのものだと思います。

　その「熟議デモクラシー」を通じて、保坂さんが積み重ねてきた世田谷区政の12年。そこでの経験や知見を広く共有することは、私たちが未来を託せる「もう１隻の船」のあり方を見出すことにつながるのではないかと考えています。


　また、ここ数年、保坂さんの世田谷区長としての仕事を拝見していて、「他の自治体でも生かせるのではないか」「他の自治体に広がればもっといいのに」と感じる政策がたくさんありました。特にコロナ禍においては、その思いを抱くことがしばしばあった。そうした政策の共有をスムーズに進めていくため、これまであまりなかった自治体同士の横の連携を日常的に強くしておきたいと考えて立ち上げたのがＬＩＮ‐Ｎｅｔです。

　地域政治というのは、どうしてもそれぞれの議会の中だけで完結しがちですが、実際には同じような問題が同時多発的に、全国各地の自治体で起こっているということはよくあります。それを解決していくために、政党という枠を超えた横のつながりを作っていくことは、非常に重要だと思っています。

特に、地域の課題には広域性を考えなければ解決できないものがたくさんあります。たとえば、「花粉症で苦しんでいる人がたくさんいる」背景には、里山が荒れて山がスギの木ばかりになっているという事実がある。これは都市部だけではなく、山の多い自治体と連携しなければ解決しない問題です。こうした広域性が必要になる課題には、地域同士の連携が何よりも重要でしょう。

もちろん、地域特有の課題だけではありません。同性パートナーシップ制度のように、「国がなかなか動かない」課題に対して、自治体が先に動くということも、どんどんやっていける。そうした、国政に欠けた視点からの議論を進めるためのプラットフォームにも、LIN-Netがなっていければと考えています。

さらに、たとえば東京の自治体がスペインのバルセロナとつながるなど、グローバルな形での連携も目指していきたい。世界的に広がった新自由主義に対する抵抗運動として、それは大きな希望になるのではないでしょうか。

基礎自治体という、もっとも根っこの部分からいろんな問題を考えていく。同時に、そこに広域性を持たせることで、国全体、社会全体をも変えていく。これも1つのボトムアップの手法だといえるでしょう。これまでに何度も繰り返されてきた、「新党を作って既存政党に対抗する」形とは違う民主主義モデルを、そこから考えてみたいと思います。

あとがきにかえて

2020年新型コロナウイルスが世界を揺るがしただけでなく、2022年のロシアによるウクライナ武力侵攻は2年を超えて膠着《こうちゃく》状態にあります。2023年のパレスチナ自治区のハマスによるイスラエルへの襲撃と殺戮《さつりく》、人質事件に端を発したイスラエルの徹底的な武力による空爆や地上侵攻で、3万人を超えるパレスチナ人が亡くなり、残された人々は砲弾と飢餓の危機にさらされています。

私たちは、容易には「希望」を語れない時代に生きています。だからこそ、この本では「あるべきだ」「こうしたい」という論理や願望ではなく、「こう変えた」「こう進んだ」という具体的な内容を連ねるようにしました。ここに記したのは、92万都市から発信したメッセージであり、暮らしをよくするための方策です。自治体からやれることは、かなり大きいのです。

本書は、2023年11月から12月にかけての「保坂展人政治スクール」の内容を基にして大幅に加筆修正の上に再構成しました。「保坂展人政治スクール」の役割は、主に2

つあります。2018年から連続開催して5年継続してきたのは、まずは「政策の共有」をめざしてのことです。自治体の長としての仕事は、息をつく間もなく次々と発生する難問や制度の壁と、はてしなき格闘を続けるようなものです。その結果、実現していくことに普遍性があれば、これを活かす立場にいる人に伝えたいという思いが1つです。

2つめは私自身、政治活動に半世紀を超えて取り組んでいますが、バトンを次世代に渡したいという気持ちも年々強くなってきています。本書には収められませんでしたが、政治スクールではこれまでに「空き家活用」「ソーシャルビジネス」「言葉の力」「児童相談所設置と社会的養護」「福祉と格差解消のための住宅政策」「ステイホームとひきこもり」「デジタルデモクラシー」「政治と検察」などのテーマを論じてきました。

本書でも、それぞれのテーマでゲストを交えて論じています。「下北沢再開発」では小林正美明治大学教授、下平憲治さん（下北沢あずま通り商店会副会長）、「教育」ではリヒテルズ直子さん（教育学者・オンライン収録）、「性的マイノリティ政策」では神谷悠一さん（LGBT法連合会事務局長）、「LIN‐Net」では岸本聡子杉並区長と私が対話を重ね、質問を受けながら講義を進めました。本書は、その記録をもとにして、私の報告を中心にまとめています。御協力に感謝します。

また、この5年間の政治スクールに伴走していただいている政治学者の中島岳志さんには、各章の解説を加えていただきました。また、膨大なデータを読み込んで再構成していただいた仲藤里美さんの力で読みやすくまとめていただきました。東京新聞出版部の皆さんにも、締切りギリギリまで原稿を確認させていただきました。関係者の皆さんに心から感謝します。

本書の刊行により、自治体行政に関心を持ち、また保坂展人政治スクールやLIN-Netに興味を持って頂いた方は、今後のインフォメーションに御注目ください。

もう一度、自らに言い聞かせます。

「絶望の虚妄なること、まさに希望と相等しい」（魯迅）

2024年3月末日

保坂展人

保坂展人（ほさか・のぶと）

1955年、宮城県仙台市生まれ。東京都立新宿高校中退。政治家、教育ジャーナリスト、東京都世田谷区長。1996年10月に衆議院議員となり、2009年まで3期11年。2011年に世田谷区長に当選して現在4期目。中学校卒業時の内申書をめぐる内申書裁判の原告でもある。著書に『＜暮らしやすさ＞の都市戦略　ポートランドと世田谷をつなぐ』（岩波書店）『NO！で政治は変えられない――せたがやYES！で区政を変えた8年の軌跡』（ロッキング・オン）『こんな政権なら乗れる』（中島岳志氏との共著・朝日新聞出版）など。

国より先に、やりました

「5%改革」で暮らしがよくなる

2024年4月30日 第1刷発行

著　者　保坂展人
発行者　岩岡千景
発行所　東京新聞
〒100-8505 東京都千代田区内幸町2-1-4
中日新聞東京本社
電話［編集］03-6910-2521
［営業］03-6910-2527
FAX 03-3595-4831

装丁・本文デザイン　中村 健（MO' BETTER DESIGN）

印刷・製本　株式会社シナノ パブリッシング プレス

ISBN978-4-8083-1098-1　C0036